刑事裁判のテレビ報道

刑事裁判のテレビ報道

——ガイドラインと実験的試み——

宮野　彬著

信山社

まえがき

最近、裁判の傍聴に関心を示す人が多くみられるようになってきた。「裁判ウォッチング」の名の下に「裁判を傍聴する会」が誕生しているが、このような団体の活動が大きく影響していることは間違いない。とは言っても、裁判所には「秘境性」が存在するとはいえ、もともと、人々の裁判や裁判所に対する関心は高いのかもしれない。その結果は、オウム真理教による地下鉄サリン事件や和歌山の毒入りカレー事件などの傍聴の希望の数に現れることになった、といえよう。わずか五〇ばかりしかない傍聴席に一万とか五千とかいう途方もない数の傍聴の希望者が殺到したのである。このときに、圧倒的多数の外れ組の不満を解消する一つの方法として、裁判のテレビ中継に賛成する意見が主張されるようになった事実に注目したい。果して、刑事裁判の法廷内にテレビ・カメラは、すんなり入れるのであろうか。

法廷内では、刑事事件であっても、民事事件であっても、いろいろな利害関係がからんだ真剣な争いが行われる。法廷のマナーとして、静かに裁判の成行きを見守るのは一般的な常識となっている。騒がしい言動は慎まなければならない。裁判所が法廷の秩序の維持に神経を配っているために、傍聴に関する注意書は多い。また、傍聴に関しては、裁判所傍聴規則に非常に詳細な定めがある。法廷内では私語は厳禁である。裁判官の注意に従わなければ退廷させられる。法廷における慣習や礼儀に関しては、裁判官の裁量次第という部分が多く存在する。したがって、違法な行為でなくても、裁判長または裁判官の命令に従わないこと自体が、退廷や処罰の対象となる。いずれにせよ、法廷では裁判官の権限はかなり大きいといってよい。

裁判官は、被告人や証人などとの質疑応答に神経を集中させるために、法廷内の静粛には特別の関心を払うことになる。幼児の泣き声や携帯電話（以前はポケットベル）の音などに対しては、即座に注意を促すようにしている。なお、傍聴席で居眠りをしている者に廷吏が注意を与えることがある。裁判所も、また、傍聴に関する事柄には、かなりの神経を使っている。

右のような厳しい法廷内の環境に、テレビ・カメラを調和させることができるであろうか。かつては、多くのカメラとカメラマンが一度に法廷内に殺到して「裁判を行う環境」を破壊した経験をもつ。そのとき以降、被告人在廷中の裁判の模様をテレビで報道することは不可能になってしまっている。被告人在廷中のテレビ報道の許否の問題については、根元的な議論が存在しない。そのために、「ガイドライン」を提示できるような状況にあるのかどうかもわからない。とはいえ、今日に至るまで、アメリカやカナダ、それに、イギリスなどにおいて、「ガイドライン」が示されるようになってきている。そこで、将来の検討のための準備として、先を急がないで、外国についての情報の提供と日本の現状とを、本書において、明らかにしておきたい。なお、今回も出版の機会を与えてくださった信山社出版㈱の袖山貴氏に深く感謝の意を表する次第である。また、本書の作成にあたり多くのご尽力をいただいた信山社編集部の戸ヶ崎由美子さんにはあつくお礼を申し上げる。

二〇〇一年五月一〇日

宮　野　　彬

目　次

第一章　アメリカのテレビ報道(I)
──アメリカでの根本的議論──

第一節　概　況

初めに、アメリカの連邦憲法修正第六条の分析を行うことにしよう。アメリカにおいては、ブルーノ・ハウプトマンに対する一九三五年の見せ物的な殺人事件の裁判からCBS（アメリカのコロンビア放送会社・アメリカの四大放送会社の一つ）を向こうに回してのウエストモーランド将軍によって行われた一九八〇年代の文書による名誉毀損の訴訟に至るまで、カメラは、法廷において許されるべきであろうか、また、許されるとするならば、どのような状況の下においてか、の問題をめぐって論争が行われてきた[(1)]。メディアによる無制限な報道に反対しての、およそ六〇年以上も前に主張された主要な論点は、閃光電球やマイクロホンなどが裁判所における訴訟手続の荘重さや礼儀正しさなどとは調和しない、というものであった[(2)]。

ところが、今日においては、このうち、礼儀正しさの問題は、大きく後退してしまっている。最も説得力があって依然として主張され続けてきている反対は、カメラおよびカメラのもたらす比較的多くの視聴者が、刑事裁判の証人の証言におよぼすであろうと考えられる影響なのである。[3]

刑事裁判におけるカメラの報道が証人の証言をゆがめてしまう限りにおいては、防御のために必要な証拠への被告人のアクセスを妨げることになるのは当然といえる。その一方において、連邦憲法修正第一条が明示する、報道機関の裁判へのアクセスにかかわる憲法上の利益は、カメラに対する包括的な禁止の不適切である旨を示唆しているのである。いずれにせよ、「公正な裁判を受ける被告人の憲法上の権利」を保護するためには、ラジオやテレビや写真などによる、報道に関する証人の反対を評価するのに必要な、新しい方法を発展させてゆかなければならないことになる。[4] 初めに、法廷内のカメラの歴史と、連邦の裁判所や多くの州の裁判所がカメラの存在を禁止してきた理由を簡潔にみてゆくことにしよう。

(1) Gregory K. McCall, Cameras in the Criminal Courtroom : A Sixth Amendment Analysis, 85 Columbia L. Rev. 1546 (1985).
(2) *Id.*
(3) *Id.*
(4) *Id.*

第二節　カメラ取材の問題の背景

一　概　説

「すべての刑事上の訴追において、被告人は、（中略）公開の裁判を受け（中略）る権利を有する」とアメリカの連邦憲法修正第六条は規定して、刑事事件の被告人に対し公開の裁判を保障している。そのため、ニュース・メディアは、アメリカの建国以来、裁判所での訴訟手続を注意を払いながら伝えてきた。同時に、他方においては、その間にコミュニケーションの技術は発達を遂げてきている。その発達は、記者の散文による記述からはじまり、アーチストによるスケッチ・パッド（はぎ取り式帳面）を用いての表現へ、さらには、明るい照明つきのスチール・カメラや映画用のカメラへ、最も新しくは、技術の進んだ携帯用のビデオ・カメラへのプロセスをたどることになる。(5) このようにして、メディアは、刑事事件の訴訟手続に関して、一般の人々に対し、漸進的に、より多くの直接的な場面を与えるようにしてきたのである。とはいえ、裁判という環境の中に「現代の科学技術」を持ち込むならば、反対と批判の声が一斉にあがるのは、当然に予想される。しかしながら、刑事裁判をテレビで中継することについてのカメラの使用に関して、使用の範囲を適切に定めるにあたり、このような問題が、これまでに、どのような取り組み方をされてきたかについて調べてみることは、おおいにプラスになるといえよう。

（5）*Id.* at 1546-47.

二　法廷内のカメラの歴史

「公正な裁判を受ける刑事事件の被告人の権利」をセンセーショナルに扱った記者の報道についての影響と関係した事柄は、アメリカにおいては、写真ジャーナリズムの出現よりも前に知ることができる。たとえば、アロン・バー（一七五六―一八三六年）アメリカ副大統領（一八〇一―〇五年就任）の反逆罪の裁判において、ジョン・マーシャル首席裁判官は、公判前の公開という有害な、しかも、その氾濫によっても先入観を与えられることのなかった陪審員を捜し出すために、広範囲にわたる予備尋問を行っている。(6) 早くも、一九一七年には、一つの州の最高裁判所が、スチール写真やニュース映画用の写真を許すことに反対した第一審の裁判所にアドバイスを与えていた事実がみられる。このアドバイスの中では、そのような写真が、裁判所が保持してゆかなければならない荘重さと調和しないこと、また、裁判という仕事に関する適切で規律のある妥当な運営とも調和しないことなどの点が指摘されていた。[7]

それにもかかわらず、一九三〇年代の中頃までは、法廷においてカメラが許されなければならないのかどうか、また、許されるとするならば、どのような状況の下においてか、の問題については全国的な規模におけるコンセンサスは存在していなかった。他面において、一九三〇年代の中頃以前にあっては、州の裁判所は、近年の科学技術によってもたらされた混乱を収拾するために、さまざまなアプローチを行っていたのである。いくつかの州の裁判所においては、カメラの存在を完全に認めない措置をとっていた。このほか、それ以外の若干の州の裁判所では、特定の状況に適合させるようにした規制と調和させる権限を第一審の裁判官に与えることにした。とはいっても、右以外の州の裁判所においては、ほとんど規制を加えるようなことはしていなかったのである。[8]なお、アメリカ法律家協会の「裁判官の行動に関する準則規程」は、この問題に関しては、なんらの言及もしていなかった。アメリカ法律家協会の「司法部門」は、一九三一年に、「法廷の場面を写真にとることについては許さないようにしたほうがよい、というのがこの協会の認識である」との決議を行っている。けれども、これに伴う行動は、なにも計画されてはいなかったのである。[9]

(6)　See United States v. Burr, 25F. Cas. 49(C. C. Va. 1807)(No. 14, 692g).

(7) People v. Munday, 280 Ill. 32, 67, 177 N. E. 286, 300(1917).
(8) See Kielbowicz,The Story Behind the Adoption of the Ban on Courtroom Cameras, 63 Judicature, June-July 1979, at 14, 16.
(9) See 56 A. B. A. Rep. 536 (1931).

一九三五年には、リンドバーグの幼児を誘拐し殺害した罪によって、ブルーノ・ハウプトマンに対する裁判[10]が行われた。このときには、ニュース・カメラマンたちの傍若無人な態度がひろく人々の注目を集めた。リンドバーグの幼児に対する誘拐・殺人の裁判そのものよりも、むしろ、多くの注意が、報道機関に向けられた。しかも、報道機関への批判が一層高まることになった点においては、アメリカの犯罪史の中では極めて珍しい事件であるといえた。[11]公判を取材するために、一三〇名以上のカメラマンが、ニュージャージー州のフレミングトンに押しかけたのである。ニュース関係の団体の間では競争が行われた。裁判所の開廷中、裁判官は写真を撮ることを禁止した。それにもかかわらず、証人についてのスチール写真やニュース映画用の写真を撮るために、裁判官による禁止を無視して、いく人かのカメラマンは、「隠しカメラ」を使用したのである。[12]

(10) State v. Hauptmann, 115 N. J. L. 412, 180 A. 809, cert. denied, 296 U. S. 649(1935).

(11) D. Gillmor & J. Barron, Mass Communication Law, Cases & Comment 392 (2d ed. 1974). また、See Kielbowicz, supra note 8, at 17-21（ハウプトマン裁判中における報道機関の行動について詳細に描写している）。

(12) Kielbowicz, supra note 8, at 17-21.

これに対して、アメリカ法律家協会は、「ハウプトマン裁判」においてのメディア側の傍若無人な行動を伝えるための「特別の委員会」を設けることで反応を示すようにした。委員会の報告は、「写真は、（中略）裁判の関係者の注意を、裁判の唯一の目的である裁判所の前において当事者の間で裁判を行うこと、の事実からそらしてしまう傾向をもつようになる」と結論づけるに至った。[13] また、一年以上も前に、委員会は、カメラマンが、いやがる証人を刑事裁判に関連したひどく利己的な事柄によって仲間に引き入れるおそれのある事実を指摘指摘していた。[14] さらに、「出廷を余儀なくされていて、しかも、感情に由来するひどい苦しみを、しばしば受ける状況の下に置かれている証人（中略）についての写真は、社会が命令する義務の履行に際しては不必要な過酷さを与えるようになるものとおもわれる。（中略）証人が、その意思に反して自己の写真を撮られなければならない、という苦しみについて言うならば、それは正当と認めることができない余計なもの、といえる[15]」とも述べていた。

法廷内のカメラの使用について、委員会は、完全な禁止を勧告した。[16] このことは、「裁判官の行動に関する準則規程」の綱領35に反映されることになった。[17]一五年後に、アメリカ法律家協会は、その禁止をテレビによる報道にまで広げることにしたのである。[18]テレビが出現するようになってから、みられるようになった行過ぎの一例として、アメリカ法律家協会は、テキサス州で起った事件を引合いに出した。この事件において、テレビの放送局は、放送局が裁判の報道についての許可を得ることができるようにするために、被告人に対して、当時の金で一、〇〇〇ドルを支払ったのである。[19]

「裁判官の行動に関する準則規程」は、単なる一連のモデルのルールにすぎない。けれども、ほとんどすべて、といってもよいくらいに、州は、綱領35に似た規定を定めることになったのである。[20]一方、一九四六年に成文化された連邦刑事訴訟規則は、その第五三条において、連邦の裁判所からカメラを締め出すことを明らかにした。「裁判所で訴訟手続が行われている間、法廷において写真を撮ること、または、裁判所での訴訟手続を法廷からラジオでもって放送することは、裁判所の許可の対象にはならない」[21]と規定する。

右のような状況の中で、コロラド州とオクラホマ州とテキサス州の三つの州だけは大勢に従わなかった。これらの州においては、正規の基準にもとづきながら、刑事裁判に対しカメラを認めるようにし続けたのである。[22]このうち、テキサス州の「法律家に関する裁判上の綱領」における綱領28は、「ラジオ放送やテレビ中継は、第一審の裁判官による適切な監督や管理を受けるようにしなければならない」と規定している。しかも、証人の証言については、その証人の明白な反対を押し切って放送してはならない、とされた。

(13) Report of the Special Committee on Cooperation Between Press, Radio and Bar, as to Publicity Interfering with Fair Trial of Judicial and Quasi-Judicial Proceedings, 63 A. B. A. Rep, 382, 385 (1938).

(14) Report of the Special Committee on Cooperation Between Press, Radio and Bar, as to Publicity interfering with Fair Trial of Judicial and Quasi-Judicial Proceedings, 62 A. B. A. Rep. 851, 863 (1937).

(15) *Id.*

(16) See id. at 862.

(17) 綱領35は、つぎのように規定する。「裁判所における訴訟手続は、荘重さと礼儀正しさをもって行われなければならない。裁判所の開廷中または開廷の際の休憩中、法廷内において写真の撮影をしたり、あるいは、訴訟手続の模様を放送したりなどすることは、訴訟手続の本質的な尊厳を減じ、裁判所の品位を落とし、さらには、一般の人々の気持ちの中に誤解を生じさせることになるもの、と考えられる。そのために、許されるべきではないのである。」62A. B. A. Rep. 1134-35 (1937).

(18) See 77 A. B. A. Rep. 110-11 (1952).

(19) See U. S. Bar Group Supports Ban on Cameras in Courtroom, N. Y. Times, Feb. 6, 1963, at

1, col. 2.
(20) たとえば、See D. Gillmor, Free Press and Fair Trial 23 (1966) ; Cedarquist, Televising Court Proceedings, A Plea for Order in the Court, 36 Notre Dame Law., 147, 148-49 (1961).
(21) Fed. R. Crim. P. 53
(22) See In re Hearings Concerning Canon 35 of the Canons of Judicial Ethics, 132 Colo. 591, 296 P. 2d 465 (1956) (en banc) ; Lyles v. State, 330 P. 2d 734 (OKla. Crim. App. 1958).
(23) See Estes v. Texas, 381 U. S. 532, 535 (1965).

三　カメラによる報道の許否に関する連邦最高裁判所の判断

連邦最高裁判所は、一九六五年に、はじめて、法廷内のカメラの許否問題の合憲性に関して、その判断を示したのである。テキサス州の「エステス事件[24]」において、連邦最高裁判所は、悪名の高い金融業者であったビリー・ソル・エステスの詐欺事件にかかわる裁判の予備審問のときに、「ケーブルとワイヤーが法廷の床をのたくり、また、三本のマイクロホンが裁判官席に置かれ、さらに、その他のマイクロホンが陪審員席と弁護人席に向けられていた」事実を明らかにした[25]。その結果、裁判所は、そのような侵食的な報道が、事案の真相を明らかにする、という司法機構に課せられた重大な任務を妨害することになった旨を述べるに至ったのである。[26]

(24)　381 U. S. 532 (1965)
(25)　*Id.* at 536.
(26)　*Id.* at 544.

エステス事件の正確な判示事項は、はっきりしていない。それは、多数意見の立場にたつ五人の裁判官が、三つの意見をもたらしたことによるためである。代表して、裁判所の意見を明らかにしたクラーク裁判官は、本来的にデュー・プロセスを欠くと考えられる不利益が、結果として生ずることがあり得るから、裁判を写真によって報道することは本質的に違憲である、と断言した。[27] この見解は、実際の不利益を証明することが破棄のための必要条件である、という州の主張に答えたものである。この議論を踏まえて、ウォーレン首席裁判官は、さらに、「テレビのもたらす不利益は、非常に巧妙に、知らないうちに作用するので、通常の証明方法を免れることになってしまう。そのために、(中略) 裁判に対するわれわれの根本的な考えを、少しずつ、むしばんでゆくことになる[28]」と述べていた。

他方において、ハーラン裁判官は、エステス事件の有罪判決を、数多くの、比較的限定された根拠にもとづいて破棄することに賛成する立場から票を投じた。同裁判官は、反対の根拠を、世間に多く公表され、しかも、かなりセンセーショナルな内容にはなっているけれども、それでも、多少は日課的な性質を帯びている刑事裁判手続に関する報道が、合憲であるか否かの点については未解決のままになっていた場合における刑事裁判に関しての写真による報道に限ったわけである。[29]「エステス事件の裁判は、世間にかなり知れわたり、しかも、非常にセンセーショナルな内容となっていた。そのために、わたくしは、別のタイプの事件をすべて脇に置くようにした。（中略）これらの問題のさらなる解決は、適切なケースを待たなければならないことになる。このような未開拓の分野においては、裁判所は、ただ、ひたすら、一歩一歩進むようにしなければならないのである[30]」と説いている。いずれにせよ、ハーラン裁判官の賛成意見は、結果の点においては、エステスに対する有罪判決を破棄する必要を生ずることになった。したがって、エステス事件は、刑事裁判のすべてについて、写真による報道を全面的に禁止する効果をもたらすことにはならない、のである。それにもかかわらず、その後の一一年間においては、コロラド州を除くすべての州は、そのような報道を禁止する措置をとることになる[31]。

（27）　*Id.* at 542-43.
（28）　*Id.* at 578（ウォーレン首席裁判官の賛成意見）（注は省略）。

（29）　*Id.* at 587.
（30）　*Id.* at 590-91（ハーラン裁判官の賛成意見）。
（31）　Kelso & Pawluc, Focus on Cameras in the Courtroom : the Florida Experience, the California Experiment, and the Pending Decision in Chandler v. Florida, 12 Pac. L. J. 1, 7 (1980).

この締め出しの時期の間に、メディアの代表者は、エステス事件の裁判所によって明らかにされた特有の問題のいくつかを解決しようという趣旨から、法廷の写真についての新しい基準を提示することにした。[32] 同時に、ロビイスト（院外運動者）たちは、アメリカ法律家協会を説得して、カメラによる報道についての協会の反対を止めさせようと試み、それによって、州の綱領を改正するにあたっての政治的な見通しを、少しでも良くして行こうと努力したのである。[33] 綱領は、一九七二年にわずかばかり改正されることになった。それは、新たに、綱領3A(7)と呼ばれている。その後、アメリカ法律家協会は、一般的に、法廷内のカメラを承認するに至った。この事実を反映させるために、一九八二年に、綱領は、全面的にオーバーホールされたのである。[34]

（32）　See J. Gerald, News of Crimes : Courts and the Press in Conflict 157 (1983)（裁判官の反応を斟酌する基準を発展させるために、ラジオ＝テレビ・ニュース・ディレクター協会によって行われた調整の努力について述べている）。

(33) See C. Carter, Media in the Courts 6 (1981).

(34) 「裁判官の行動に関する準則規程」の綱領3A(7)は、一九八二年に、つぎのように改正されることになったのである。「監督の立場にある上訴裁判所、または、その他の相応の官庁によって定められた規則による場合を除いて、裁判官は、開廷中または開廷の際の休憩中、法廷ならびに、それに、直接、隣接する場所においての、ラジオやテレビによる放送、あるいは、その録音・録画や写真の撮影を禁止しなければならない。ただし、裁判官は、公正な裁判に対する当事者の権利と一致させながら、ひどく目立つことはなく、また、裁判の関係者を悩ませることもなく、さらに、裁判の運営を妨害することもないような方法でもって、その種の報道を許す条件や制限やガイドラインなどを示すようにするならば、法廷における裁判手続、ならびに、それに、直接、隣接する場所においての、ラジオやテレビによる放送、あるいは、その録音・録画や写真の撮影などを行うことを正式に許可することができる。」Code of Judicial Conduct Canon 3A (7) (1983).

一九七六年の初めに、州の多くは、一定の制限を守ることを条件に、写真およびテレビによる定期的な報道を許す「実験的な試み」を開始することになった。このうち、ワシントン州とアラバマ州においては、裁判の関係者のすべてが同意したときに、そのような報道を許すことにした(35)。また、フロリダ州では、六カ月間の「実験的な試み」を行った末に、一九七七年に、似たようなアプローチを取り入れている。もっとも、同意を要件としたために、全期間にわたる刑事裁判がテレビ中継されることはなかった(36)。そのために、同州においては、

その後、ルールを改正して、当事者の反対があったとしても放送ができるようにしたのである。(37)

フロリダ州のチャンドラー事件(38)において、同州の訴訟手続を検討した結果、連邦最高裁判所は、放送メディアの単なる存在が、本来的に有害な結果をもたらすことになる、という事実を明らかにするについての、経験にもとづいた十分なデータがない、ことを指摘しながら、写真による報道は本質的に違憲である、という考えを放棄するに至った。(39)しかも、チャンドラー事件の被告人は、明らかな不利益についての証拠のすべてを、進んで提示するようなことはしてこなかった。(40)その結果、裁判所は、テレビによる報道は、「公正な裁判を受ける被告人の権利」に影響をおよぼすことはなかった、と判示したのである。(41)

(35)　See C. Carter, supra note 33, at 52, 83.
(36)　See Petition of Post-Newsweek Stations, Florida, Inc., 327 So. 2d 1 (Fla. 1976).
(37)　See In re Post-Newsweek Stations, Florida, Inc. 347 So. 2d 402 (Fla. 1977).
(38)　449 U. S. 560 (1981). マイアミ・ビーチの二人の警察官によって事件は起され、かれらは、不法目的による侵入の罪で起訴されることになった。強盗を行った夜の二人の被告人の間でのウォーキー＝トーキーによる会話をハム無線のオペレーターが、偶然にも傍受したのである。被告人側の弁護士は、公判の前に、カメラの存在が、「公正な裁判を受ける被告人の権利」を侵害することになる、との理由にもとづいて、テレビによる放送を締め出すことを申し立てた。しかし、この申立ては、受け入れられなかった。公判の間、州側の主要な証人の証言と最終弁論だけが放送された。結局のところ、事件の被告人に関する部分は、放送されることはなかった。

(39) *Id.* at 578-79.
(40) See id. at 568.
(41) See id. at 582-83.

チャンドラー事件は、エステス事件の判決を、もとの状態のままにしておくつもりであった。[42] けれども、チャンドラー事件の分析の結果は、重要な点において、明らかに、エステス事件のそれとは異なっていたのである。カメラが事件をどのように害したかについて、被告人が、はっきり理解できるようにはしてこなかったとしても、エステス事件においては、被告人の有罪判決は破棄されることになったわけである。それは、ウォーレン首席裁判官が、法廷写真についてのとらえどころのない影響を理解するに至ったから、といえる。その結果、有害な影響を証明するのは極めて難しいであろう、と断言されるまでになった。[43] カメラの存在にもとづく影響が、少なくとも、非常に、はっきりしている裁判の場合には、「権利侵害についての事実上の推定」(a virtual presumption of prejudice) を持ち出すことを、裁判所は、本質的に結論づけたわけである。[44] しかしながら、裁判所は、チャンドラー事件の場合には、カメラのもたらす普遍的な権利侵害の影響を証明する、経験にもとづいた証拠を欠いている事実を強調することになった。[45] それとともに、裁判所は、被告人に対して、カメラの存在が、かれらの「デュー・プロセスの権利」をどのように侵害したか、について明確に証明するよう求めた。[46] このようなわけで、チャンドラー事件においては、エステス事件[47]では認められることになった可能性である、「とらえどころがなくて、証明することはできないけれども、それにもかかわらず、刑事裁判において証言を写真にとることで有害な結果が起り得る事実」については、認めないことにしたのである。

チャンドラー事件の判決の場合、カメラのクルーに対し、「法廷への無制限なアクセス権」を与えるつもりはみられなかった。[48] 被告人の同意を得ないで、限られた範囲内において、刑事裁判を放送することは、そのこと自体は、「公正な裁判を受ける被告人の憲法上の権利」を侵害することにはならない、という狭い主張に対してのみ通用されることになる。[49] フロリダ州のルールに従って行われた裁判のすべてが憲法上の基準に合格することになる、という判断は受け入れられなかった。特定の被告人に対する権利侵害の危険性は、いつでも存在する。[50] そのため、事件が起るたびごとに注意深く調べるようにしなければならないといえる。チャンドラー事件によるならば、州の裁判所が従うことになるガイドラインを確立するのが連邦最高裁判所の義務ではないのである。同裁判所は、個々の被告人の憲法上の権利に対する侵害についての州裁判所の判断を審査するだけにすぎない。[51] そのような侵害を立証するためには、上訴の方法にもとづいて、被告人は、メディアの報道が、被告人を公正に裁く陪審の能力を危険にさらすようになったか、それとも、裁判の関係者に対して、デュー・プロセスの否認を構成するのに十分なだけの有害な影響を与えることになったか、のいずれかを選択的に説明しなければならない、と裁判所は述べたのである。(52)

(42) See id. at 570-74 & n. 8. 左記の下級審の裁判所の判決は、エステス事件の分析を容易に行えることを示唆する。たとえば、See United States v. Hastings, 695 F. 2d 1278, 1283 (11th Cir.)（刑事裁判の中核の部分を占める「真実の追究の機能」が、テレビの放送によって不利な影響を受けることがあり得た、というような趣旨にエステス事件を広範囲に引用している）cert. denied, 461 U. S. 931 (1983). また、See United States v. Harrelson, 713 F. 2d 1114, 1117 (5th Cir. 1983)（世間に広く公表された有罪判決を、明白な権利侵害の事実を証明しなくても破棄できる、という主張を行うためにエステス事件を引用している）cert. denied, 104 S. Ct. 1318 (1984).

(43) See Estes, 381 U. S. at 578（ウォーレン首席裁判官の賛成意見)。

(44) See id. at 590-91（ハーラン裁判官の賛成意見)。

(45) See Chandler, 449 U. S. at 578-59.

(46) See id. at 581.

(47) Estes, 381 U. S. at 547.

(48) See Chandler, 449 U. S. at 581-82.

(49) See id. at 581.

(50)　*Id.* at 582.
(51)　See id.
(52)　*Id.*

四　法廷内のカメラの状況

チャンドラー事件の判決とメディアによる継続的なロビイングの活動の結果として、アメリカでは、一九八〇年代の中頃には、カメラに対する完全は禁止は、連邦の裁判所と一〇の州の裁判所でのみみられるにすぎなくなった。[53] その当時、法廷においてカメラを認めていた州に関して言うならば、七つの州の裁判所では、訴訟手続からカメラを完全に締め出すことを、裁判の関係者に許すようにしている。[54] また、一八の州の裁判所では、証言を行っている間はカメラを締め出すことを、裁判の関係者に許すようにしている。[55] さらに、一五の州の裁判所においては、裁判の関係者の反対を退けるために、第一審の裁判官に自由裁量の権限を与えているのである。[56]

(53)　National Center for State Courts, Summary of Cameras in the State Courts (Mar. 1, 1985).
(54)　*Id.*

(55) *Id.*
(56) *Id.*

すべての州の基準は、そのほとんどが、ハウプトマン事件やエステス事件などの裁判においてみられたような「サーカスに似た法廷の雰囲気」が醸し出される可能性をできる限り少なくするための技術上の要件を含めるようにしていた。[57] これとともに、「礼儀正しさ」との関係は、コミュニケーション技術の進歩の結果として、その重要性が少なくなっていった。それでも、やはり、コメンテーターは、技術に関する詳しい事柄が十分に取り組まれてきてはいなかった問題の多くを扱うようにしてきた。[58]

なお、その上に、カメラを法廷から締め出すことに関しては、一定の本質的な理由が残されているのである。事件の方向として、連邦憲法修正第六条の「証人の出頭を強制する手続の条項[59]」と同第一四条の「デュー・プロセスの条項[60]」の下において、被告人は、証拠の取得について、憲法上の権利を有することが確立されるようになってきた。放送メディアの存在は、証人を阻止することができる。そのことによって、また、証拠を取得する被告人の能力を損なうことができるわけである。その結果、今日では、「証拠を取得する権利」は、カメラによる刑事裁判の報道を制限するについての、最も抵抗しがたい根本的な理由となっている。これまで、多くの州において存在していた基準は、新しく認められるようになった権利であるとはいえ、この根本的な理由を不適切に保護している、といわれる。

(57) See ABA, Cameras in the Courtroom 4-11 (1979).
(58) たとえば、See Note, The Prejudicial Effects of Cameras in the Courtroom, 16 U. Rich. L. Rev. 867 (1982).
(59) See Davis v. Alaska, 415 U. S. 308 (1974) ; Washington v. Texas, 388 U. S. 14 (1967).連邦憲法修正第六条は、「すべての刑事上の訴追において、被告人は、(中略) 自己に有利な証人を得るために強制的手続を取る (中略) 権利を有する」と規定する (U. S. Const. amend. VI.)。
(60) See Chambers v. Mississippi, 410 U. S. 284 (1973) ; Webb v. Texas, 409 U. S. 95 (1972) (per curiam).連邦憲法修正第一四条は、「いかなる州といえども、正当な法の手続によらないで、何人からも、生命、自由または財産を奪ってはならない」ことを保障する (U. S. Const. amend. XIV, cl. 1.)。

第三節　カメラによる報道と証拠取得の権利

一　概　説

法廷においてカメラを許すべきか、また、許すとするならば、どのような状況においてかの問題は、「報道機関の権利」と「刑事事件の被告人の権利」との衝突をもたらすことになる。法廷におけるカメラについての基準となるルールは、被告人からかれの防御にとって必要な証拠を奪い取ってしまう範囲内においては、連邦憲法修正第六条と同第一四条の下における「証拠を取得する被告人の権利」の保護との関係で言うならば、そのルールは、十分なものとはいえない。とはいえ、裁判所は、人に対して不正なことを行わないで、直ちに、目的を達成させることができる限りにおいては、裁判所の訴訟手続の公開に賛成する強力な公共政策には理解を示してきた(61)。

けれども、その政策が、被告人のもつ「証拠取得の権利」と衝突するときには、政策は、その権利に対して道を譲らなければならないことになり、その結果、カメラは締め出されることになる、というわけである。

(61)　Estes, 381 U. S. at 542 (quoting 2 Cooley's Constitutional Limitations 931-32 (W. Carrington ed. 1927)).

二　証人におよぼすカメラの影響

法廷におけるカメラの使用に対する継続的な規制を正当化する一番の要素は、「実体のつかみにくい、心理にかかわる要素」である。また、個人の行動に関する限りにおいては、「その結果」である。(62) 影響については、三つのカテゴリーが明らかにされる。すなわち、①は「正確さ」について、②は「態度」について、③は「進んで証言すること」について、ということになる。

ひろく世間に知れ渡った裁判において証言すること、あるいは、テレビの視聴者を前にして、当惑してしまうような、または、精神的に深く傷つくような、個人に関する出来事の細かな部分を詳しく打ち明けることなどを、証人が求められるときには、その「証言の正確さ」は、危険にさらされることになるかもしてない。この点については、エスエス事件において、クラーク裁判官は、つぎのように述べていた。「人前で話をする者と同じように、記憶力については、つまずきがみられるかもしれない。また、話の正確さは、ひどく損なわれるようになるかもしれない。当惑は、事案の真相を明らかにするのを妨げてしまうかもしれない。(中略)[63]」しかも、その上、とくに、センセーショナルな刑事裁判の場合には、カメラによる報道は、「個人の安全」や「地域社会の全体からの追放」についての証人とのかかわり合いを激化してゆくもの、とみられている。[64] こうした懸念から、証人は、進んで、または、すべてのことを証言するのを、思い留るようになる。

(62) D. Gillmor, supra note 20, at 28.
(63) Estes, 381 U. S. at 547.
(64) See ABA, Criminal Justice Section, Reducing Victim/Witness Intimidation : A Package 2 (1981)（証人のおびえについて論じている)。

社会・心理学的研究に関するいくつかのデータは、世間への公開が多くなること、および、証人の証言についての放送の結果として匿名性が失われてしまうことなどのことから、世間からの追放を避けたいとする気持ちが働き、その結果、広く得られてきた信用に合せるようにするために、証言が変えられてしまう可能性は、一層多くなってゆく、という見方を裏づける傾向がみられる。[65] なお、法廷におけるカメラが原因での行動の変更に対する、これらの研究結果の適用の可能性に関しては、異議が唱えられてきている。その理由は、調査の方法が、「公の行動」と「匿名の行動」の違いを見分けることに関しては適しているけれども、「カメラがないところでの裁判所における公の行動」と「カメラがあるところでの裁判所における公の行動」との違いを見分けることについては適していなかったからである。(66)

ところで、カメラの存在によって証言が影響を受ける可能性は、センセーショナルな内容で、世間に広く伝えられ、しかも、感情に訴えることの多い裁判の場合には、最も高くなる、といえよう。このようなわけで、放送についてのメディアの関心が最高潮に達する事件の場合には、地域社会のプレッシャーからその証言を変えてしまう証人を保護するにあたり、これに対抗するデュー・プロセスの利益も、また、最高潮に達することになってゆく、と言ってよい。(67)

もちろん、裁判の報道についての、きまりきったやり方は、若干の証人を困らせ、また、かれらの証言の正確さに影響を与える可能性はあり得る。サム・シェパード博士に対する殺人事件の裁判は、このような現象の例証といえる。裁判ではカメラは許されなかった。けれども、かれの有罪判決を、最高裁判所が破棄するようにしたほどに、極めて多くの世間の注目を集めることになったのである。(68)それにもかかわらず、テレビは、証人自身の声や印象を広く伝えるための唯一の手段となる。このようなことから、「プライバシー」や「匿名性」などの「後ろ盾」が取り払われてしまう結果がもたらされる。これに加えて、大多数の人々は、そのニュースをテレビから得ているために、[69]「テレビ中継された裁判」は、視聴者を広める働きを有する。実際には、少数の人々だけが傍聴人として公判廷に出席するようになるのである。いずれにせよ、テレビは、証人を、多くの、より広い地域社会において認められることになる「不本意な名士」に仕立てあげてゆくことになるもの、とみられる。[70]

(65) Brief for Appellant at 28-30, Chandler (citing studies).
(66) Kelso & Pawluc, supra note 31, at 35.
(67) Gregory K. McCall, supra note 1, at 1553.
(68) See Sheppard v. Maxwell, 384 U. S. 333 (1966).
(69) See ABA, supra note 57, at 31 (citing Roper Organization, Inc., Public Perceptions of Television and Other Mass Media : A Twenty-Year Review 1959-1978 (April 1979).
(70) Gerbner, Trial by Television : Are We at the Point of No Return, 63 Judicature 417, 426 (1980).

カメラの存在によって、証人は、証言の内容を変えるようにするかもしれない。また、証言をもたらす方法も影響を受けるようになるかもしれない。エステス事件の裁判所が指摘していたように、「証人の中には、証人席で混乱してしまったり、あるいは、おびえてしまうものがみられる。このほか、うぬぼれた証人もいるにちがいない。さらに、大げさな言い方をする証人もいるかもしれない」[71]などさまざまといえる。カメラによって引き起された、態度についてのこのような変化は、転じて、証人の証言に対しての事実認定者の評価に影響をおよぼすことが考えられる。[72]陪審員は、「過度の神経質」として受けとるかもしれない。また、証人の態度を証人がウソをついていることの一つの兆候として解釈するようになる。証人は、完全にリラックスした状態で証言する権利をもっていない。その一方において、被告人に対する公正さは、対審手続に内在するおびえさせる要素以外のそれについては、最小限にすることを求めている。

(71)　Estes, 381 U. S. at 547.
(72)　See H. Barish, Remarks at the Proceedings of Judicial Conference on Cameras in the Courtroom, 93 F. R. D. 157, 215-16 (1981)（法廷内のカメラには反対する）。

他方、カメラによる報道に賛成する人々は、テレビやスチール・カメラが、現在では、アメリカ人の生活の中の至る所に入り込むまでになってきているので、カメラが裁判の関係者の行動を歪めるおそれがあるということを、もっともらしく主張することは、もはやできなくなっている、と熱心に述べてきていた。実際、銀行や商店やアパートの建物などにおいて、人々は、毎日のように、マイクロホンやテレビ・カメラと出会っている。[73]とは言っても、カメラの前で、決りきった害のない行為をすることと、当事者対抗の手続の中で証言することの間には、大きな違いがみられる。また、証人の信用性について攻撃する相手側の弁護士の意図との関連での強硬な反対尋問を証人が恐れることに関しては理解できる。(74)テレビの視聴者の前で人を知ることにかかわる、このような厳しい試練が放送されることの見込みは、裁判所で証言することと大多数の人々がビデオ・カメラをもって経験するありきたりの出会いとを、はっきり区別することになる。

このほかに、刑事裁判での証人の証言を放送するにあたり、最も広く影響をおよぼすと思われる、そのような報道が、他の潜在的な証人に与えるかもしれない効果について考えてみなければならない。テレビ中継された訴訟手続に姿を現すことになっていた証人は、姿を現すのをいやがるかもしれない。また、事案の真相の発見だけにとどまらないで、そのことによって、公判までをも妨げるようになるかもしれない。(75)このようなわけで、カメラの存在は、被告人から、証人の自発的で正確な証言を奪うだけにとどまらないで、証人が進んで裁判所に来ること自体を躊躇させてしまう結果をもたらすのである。(76)なお、証人にとって残酷ともいえる結果は、身近な訴訟手続を越えて広がりをみせるようになることである。夕方のニュースの時間の折に、視聴者が、とりわけ、苛酷な反対尋問の抜粋を見るときには、ますます証言したくなくなってゆくという気持ちにさせられながら、すべての裁判がテレビ中継される、という誤った印象を、その光景は、与えることになりかねない。関連性のない将来のいくつかの訴訟手続において、非常に有益な証拠を、視聴者が、提供しなければならなくなったとしても、かれは、その証拠を申し出ることを渋るようになるかもしれない[77]。

(73) Standing Committee on Association Communications of the ABA, The Rights of Fair Trial and Free Press : The American Bar Ass'n Standards 26 (1981).
(74) See Cantrall, A Country Lawyer Looks at Canon 35, 47 A. B. A. J. 761 (1961).
(75) Estes, 381 U. S. at 547.
(76) In re Maryland Rule of Court, 6 Media L. Rep. (BNA) 2172, 2173 (Md, Ct, App, 1980)（スミス裁判官の賛成意見と反対意見）。
(77) See id.

三　被告人の証拠取得の権利

1　概　説

カメラによる裁判の報道が、証人を黙らせてしまったり、あるいは、証人の証言を歪めてしまうことになるなどの場合には、被告人は、憲法上保障されたかれの有する「証拠へのアクセス」を奪われることになりかねない[78]。これまでの事件の経過から知ることができるように、必要な証拠を被告人から奪う州のルールまたは裁判官の措置は、「公正な裁判を受ける被告人の権利」を侵害する結果をもたらすのである。[79]

(78) United States v. Valenzuela-Bernal, 458 U. S. 858, 867 (1982).
(79) たとえば、See Davis v. Alaska, 415 U. S. 308 (1974)（弾劾の証言を得るための連邦憲法修正第六条にもとづく「被告人の対面権」は、少年の犯罪者の裁判記録のプライバシーに関する証人の利益にまさる）。Webb v. Texas, 409 U. S. 95 (1972)（裁判官全員の一致による）（第一審の裁判官が言及した被告人側の証人のおびえは、「公正な裁判を受ける被告人の権利」を侵害することになる）。Washington v. Texas, 388 U. S. 14 (1967)（共犯者の証言に対しては、被告人は、「証人の出頭を強制する手続についての権利」を与えられる）。Brady v. Maryland, 373 U. S. 83 (1963)（被告人は、州の管理の下で、無実の罪を晴らす証拠を見つける「デュー・プロセスの権利」を有する）。

この証拠取得の権利は、一九六〇年代の初期に具体的になりはじめ、連邦憲法修正第六条の「証人の出頭を強制する手続」の中で定着するに至ったが、さらに、連邦憲法修正第一四条の「デュー・プロセスの条項」における「基本的な公正さ」についての融通性のある概念の中で、しっかりと根をおろすことになったのである。[80] 一九六三年に、最高裁判所は、「州の管理の下で、無実の罪を晴らす証拠を見つけるデュー・プロセスの権利を有する」と、判示した。[81] また、ワシントン州対テキサス州の事件[82]において、裁判所は、「連邦憲法修正第一四条にもとづいて、州に対して適用されたように、州の裁判所での被告人は、防御を確かなものにするために、連邦憲法修正第六条の下で、『証人を出廷させる権利』を有する」、と判示している。デュー・プロセスの条項の「基本的な公正さ」の要件は、正当な社会は、「被告人に対する不公正な裁判を許すようなことはしない。刑事裁判が公正であるときに、社会は、(中略)勝利を収める。被告人が不公正に扱われるときには、われわれの制度は、(中略)害をこうむることになる[83]」と定めるのである。「証拠取得の権利」に関する事件では、放送が、証言の内容も、証言を行う方法に関しても、ともに、大きく変えてしまうように、証人に影響を与えることになるとするならば、被告人が、有利な証拠を提出してくれる証人の証言を放送しようとすることは不公正となる、というような類似性でもって説明できる。

「証拠取得の権利」と取り組むケースにおいては、二つの状況を含むことになる。最初の一連のケースの場合には、裁判官または検察官の、いずれの国側の関係者も、被告人は防御のために必要な証拠を奪われることになる、という判断を下すか、あるいは、そういったたぐいの行動に出る[84]。これに対して、二つ目の一連のケースの場合には、固定したルールがあり、被告人に関する証拠の要件を十分に検討するようなことはしない。しかも、特別の場合には、必要な証言は締め出されるに至っている[85]。右のような二つの状況は、州のルールによって認められ、第一審の裁判官の行ったカメラによる報道が、被告人側の証人の証言を挫折させてしまう場合とよく似ている、というようにいわれる。

(80)　See Chambers v. Mississippi, 410 U. S. 284 (1973)（デュー・プロセス)。Webb v. Texas, 409 U. S. 95 (1972)（裁判官全員の1致による)（デュー・プロセス)。Clinton, The Right to Present a Defense : An Emergent Constitutional Guarantee in Criminal Trials, 9 Ind. L. Rev. 713, 778-79 (1976).
(81)　See Brady v. Maryland, 373 U. S. 83 (1963).
(82)　Washington v. Texas, 388 U. S. 14 (1967).
(83)　Brady, 373 U. S. at 87.
(84)　これらのケースは、Bardy, 373 U. S. 83 (1963)とWebb v. Texas, 409 U. S. 95 (1972)をよりどころとする。
(85)　これらのケースは、Washington v. Texas, 388 U. S. 14 (1967)の（判決の）理由づけをよりどころとする。

2　証拠の剝奪をもたらす国側の関係者の行為

犯罪を捜査し、公判の準備をする過程において、国側は、被告人の罪のないことを明らかにするのに役立つと思われる証拠を発見するかもしれない。もしも、その証拠が、重要なものである場合に、国側が、無罪を証明する証拠を提出しないようにするならば、被告人の「デュー・プロセスの権利」が侵害されることになる事実を、最高裁判所は、認めるに至った。[86]ブラディ事件において、裁判所は、「被告人が起訴された当面の殺人行為に対して、仲間が自白した場合に、検察官が、起訴された仲間の法廷外の供述を排除することは、『公正な裁判を受ける被告人の権利』を侵害することになる」と判示した。いずれにせよ、おじけづかせることやいやがらせ、あるいは、国側の関係者による、被告人側の証人に対して行われる妨害などの、さまざまな種類の行為は、連邦憲法修正第六条が定める、「証人の出頭を強制する手続についての被告人の権利」を侵害することができる、との判断を裁判所は示してきている。たとえば、テキサス州のウェッブ事件[87]において、最高裁判所は、有罪判決を破棄したけれども、それは、第一審の裁判官が、偽証の制裁について長時間かけて検討したために、結果的に、被告人の唯一の証人を証人席に立たせなくしてしまったことによる。[88]「裁判官が用いた不必要に強い言い方は、証言をするかしないかについて、自由で自発的な選択を行うことができないほどに、証人の気持ちに完璧に強い影響力をおよぼした、といえる[89]」とも述べられているのである。

さらに、スミス事件[90]において、巡回裁判所は、被告人側の証人を起訴する、とのアメリカ合衆国検事補の遠まわしの脅しは、「進んで証言する証人」から「証言を拒むであろう証人」へ変えさせてしまおうとする考えをもっていたものであって、しかも、このことは、有罪判決の破棄を求めている被告人から証人の証言を奪い取る結果に終ってしまう、と結論づけていた。[91] それまでに、被告人の「デュー・プロセスの権利」を侵害した、と裁判所によって判断された、このほかの場合を挙げると、つぎのようなものがみられる。①答弁の取引きの際の言い方での、被告人側の証人の脅し、[92] ②刑務官の脅し、[93] ③証人が証言を行っている場合の偽証の責任についての検察官の脅し、[94] ④係属中の、州の犯罪訴追中に起ったトラブルについての被告人側の証人に対するＦＢＩの係官の脅し、[95] ⑤真実を語らなければ、プロベーションは取り消される、とする被告人側の証人に対する第一審の裁判官の警告[96]など。

(86) Brady, 373 U. S. at 87.
(87) Webb v. Texas, 409 U. S. 95 (1972).
(88) *Id*. at 98.
(89) *Id*.
(90) United States v. Smith, 478 F. 2d 976 (D. C. Cir. 1973).
(91) *Id*. at 979.
(92) See United State v. Henricksen, 564 F. 2d 197, 198 (5th Cir. 1977)（裁判官全員の一致による)。
(93) See United States v. Goodwin, 625 F. 2d 693, 703 (5th Cir. 1980).
(94) See United States v. Morrison, 535 F. 2d 223, 225 (3d Cir. 1976).
(95) See United States v. Hammond, 598 F. 2d 1008, 1013 (5th Cir. 1979).

(96)　See Berg v. Monis, 483 F. Supp. 179, 181 (E. D. Cal.1980).

脅迫のケースの場合には、国側の関係者が、必要としている証言を被告人から奪うことになる、証人にプレッシャーを加えるわけである。また、差し控えのケースの場合には、国側は、無罪を証明する証拠を物理的に抑え込んでしまう。この二つの戦術は、強く非難されている。その理由は、国側の義務が、なにがなんでも有罪判決を勝ち取ることではなく、裁判が、裁判所において行われることを市民によって知られるようにするためである。[97]

国側の関係者が証拠の剝奪をそそのかす場合と、カメラの存在によって証人が自らの証言を変えるようになるとしても、第一審の裁判官が、カメラによる報道を許す場合との間には、比較のための一線が引かれることになる。後者の場合には、裁判官は、直接、証人をおびやかすようなことはしていない。けれども、それにもかかわらず、カメラを仲介する手段によって、おびえは起る。しかも、裁判官は、コントロールについて自由裁量を有する。

(97)　Brady, 373 U. S. at 87（司法省の壁に掲げられてある碑文を引用する)。

一般に認められているように、証人をおびえさせること、または、証拠を差し控えるようにさせてしまうことと、そのような報道が、証明できるほどに、証人をおびえさせることにはなるけれども、カメラによる報道を続けるのを許すこととの間には、重大な違いがみられる。

まず第一に、おびえさせることや証拠を差し控えるようにさせてしまうことのケースの、多くの場合には、国側の関係者のほうに「不誠実さ」を汲み取ることができる。[98] とはいっても、メリーランド州のブラディ事件[99]において、最高裁判所は、国側の関係者の「誠実さ」または「不誠実さ」にはかかわりなく、証拠が、重要で、しかも、有力なものであるならば、そのような証拠を排除することは、「デュー・プロセスについての被告人の権利」を侵害することになる旨を明らかにしている。[100] このようなわけで、国側の関係者が、たとえ「誠実」に行動したとしても、不公正な裁判は、裁判の概念を損なうことになる、といえる。

第二に、「カメラによる報道を許すこと」と「証拠の剝奪」との間の「原因となるつながり」は、「証拠取得の権利」の典型的なケースにおける「原因となるつながり」よりは、どちらかというと、比較的弱い、とみられている。また、国側の脅しが、証人の気持ちの上に悪影響を与える可能性は、かなりある、といえる。[101] とはいえ、カメラによる報道が、証言中の証人の態度におよぼす影響を予測するのは、かなり困難である、といってよい。恐らく、証人の中には、カメラによって動揺させられることが、まったくない人々がいるにちがいない。いずれにせよ、カメラの存在に対して、証人が、心底、反対しているにもかかわらず、多くの州において、自由裁量を有しているときと同じように、裁判官が、報道を続けるのを許すならば、そのことの最終の結果、つまり、被告人に対する権利の侵害は、完全な脅しのケースの場合と同じになるのである。

(98) See supra notes 91-96.
(99) Brady v. Maryland, 373 U. S. 83 (1983).
(100) *Id.* at 87.
(101) See Webb v. Texas, 409 U. S. 95, 98 (1972).

3　証拠の剝奪をもたらす州のルール

州の証拠規則は、多くの場合に、もしも、それを厳格に適用するならば、無罪を証明するのに役立つ証言を奪われる被告人がいく人かはみられるにちがいない。[102] ワシントン州対テキサス州の事件[103]で始まる一連のケースにおいて、最高裁判所は、州の証拠規則が、無実の罪を晴らす重要な証言を締め出す効果をもつときには、その規則を無効にしたり、または、適用しないようにしてきた。[104] これとともに、証拠法則が、連邦憲法修正第六条の根拠を問題にするときには、その証拠に対する被告人の必要と衝突する証拠を排除するにあたっては、裁判所は、州の利益を検討してみなければならないことになる。結局のところ、問題の証拠が、重要で、関連性があり、しかも、無実の罪を晴せることを被告人が証明できるならば、州の規則は、道をあけなければならなくなってくる。(105)

(102)　たとえば、See Washington v. Texas, 388 U. S. 14, 17-19 (1967)（テキサス州の共犯者についての「資格剥奪法」の適用は、申立人の「証人の出頭を強制する手続についての権利」を侵害することになる)。Furguson v. Georgia, 365 U. S. 570,577 & n. 6 (1961)（刑事事件において、宣誓の行われた証言を被告人に提出させないようにするジョージア州の規則は、「証言を提出する被告人の権利」を侵害することになる)。

(103)　388 U. S. 14 (1967). たとえば、See Davis v. Alaska, 415 U. S. 308 (1974) ; Chambers v. Mississippi, 410 U. S. 284 (1973).

(104)　See 388 U. S. at 23.

(105)　See United States v. Valenzuela-Bernal, 458 U. S. 858, 867 (1982).

州の証拠規則、または、被告人から証拠を剥奪することについての特権と、カメラの存在により、証人が、自らの証言を変えてしまうか、あるいは、沈黙してしまうとしても、第一審の裁判官が、法廷においてカメラを許すままにしておく、裁判所の作り出した規則との間には、よく似たところがみられる。双方の場合に、裁判官は、公平で一般的なルールを適用する。しかし、ルールの適用に際しては、被告人には不利となる証拠を反ばくするための、公正な機会を被告人に与えないかもしれないのである。ミシシッピ州のチェンバーズ事件[106]において、被告人の有罪判決を破棄するにあたり、裁判所は、「第一審の裁判官は、供述者の刑事上の利益に反する法廷外の供述の承認を不可能にする、証拠に関する州のルールの適用を、機械的にしてきていた」と判示した[107]。

柔軟性のなさの問題を避けるために、カメラに関する、いくつかの州の規則は、「裁判官は、刑事事件の場合に、裁判のために、写真またはテレビによる報道を締め出すことができる」と規定している[108]。しかしながら、テレビによる報道が、証人を困らせたり、あるいは、当惑させたりなどする事実を信ずるに足りる理由があるときに、もしも、そのような規則が、カメラの締出しを肯定するような指示をしていないならば、規則は、「証人の出頭を強制する手続」ならびに「デュー・プロセス」に関する被告人の権利を違憲的に侵害するようになるもの、と考えられる。

カメラを禁止するために、初めて、綱領の35が起草されたときには、法廷内のカメラが与える、証人に対する影響については、それほど重大には考えられていなかった[109]。ところが、今日においては、裁判所が、「証拠取得の権利」に、かなり敏感に反応するようになってきた。そのために、証人に与える影響に関しては、できる限り、これを少なくしてゆくことが、法廷においてカメラを許すべきか、また、許すとしたならば、どのような状況においてか、などの問題についての基準となる規則を作成する際の基本的な目的とならざるをえなくなる。

証人に与える破壊的な影響力を、できる限り少なくすることが、もしも、唯一の目的であったとするならば、カメラを法廷から完全に締め出すようにすることが妥当といえるかもしれない。しかしながら、裁判所における訴訟手続を公開する場合の、これに匹敵する利益は、刑事裁判を写真に撮るについてのルールを考案する際には、同じように考慮されなければならないのである。

(106) Chambers v. Mississippi, 410 U. S. 284 (1973).
(107) See id. at 302.
(108) たとえば、See Cal. R. Ct. 980 (b) (West 1985).
(109) See supra notes 10-17.

四　対抗する連邦憲法修正第一条の目的

1　概　説

テレビや写真による刑事裁判の報道を支持するにあたり、カメラに賛成する人々は、三つに枝分れのした論拠を提出する。(110) 賛成者は、まず、連邦憲法修正第六条の「公開の裁判の保障」がカメラによる報道を支持していること、および、連邦憲法修正第一条の「言論ならびに出版の自由の条項」が、テレビやスチール・カメラへのアクセスについて、肯定的な支持を与えていることを指摘するのである。このほか、かれらは、法廷においてカメラを使用することのできる憲法上の肯定的な権利が、かりにないとしても、いずれにせよ、カメラの存在が、訴訟手続の「公正さ」と「礼儀正しさ」を妨害しない程度においては、連邦憲法修正第一条の根底にある目的は、国の行っていることがうまく機能している事実を、広く世間に理解させるようにするための一つの手段として、カメラによる報道に賛成するのである、とも論じていた。

(110)　たとえば、See Abrams, supra note 69, at 25-32.

2　連邦憲法修正第六条の「公開の裁判の権利」

連邦憲法修正第六条は、「すべての刑事上の訴追において、被告人は、（中略）迅速な公開の裁判を受ける（中略）権利を有する」と規定する[111]。この公開の裁判の保障は、被告人の利益のために創設されたのであって[112]、一般の人々の「知る権利」を保護するために立案せられたものではなかったのである。そのために、カメラの存在が、実際に、被告人に不利益をもたらす場合には、その存在についての連邦憲法修正第六条による正当とされる根拠は消滅することになる。いずれにせよ、言われてきているように、カメラが、たとえ訴訟手続を妨害しないとしても、裁判を伝えるための伝統的な方法によって、公開の目的は十分に果されているわけである。(113)

(111) U. S. Const. amend. VI.

(112) Gannett Co. v. DePasquale, 443 U. S. 368, 380 (1979)(強調が加えられた)。cf. In re Oliver, 333 U. S. 257, 270 (1948)(「あらゆる刑事裁判が与論の批判を受けながら、同時代の再検討を受けることになる、という理解は、予想される裁判権の濫用に対し有効な抑制となる。」)

(113) Nixon v. Warner Communications, Inc., 435 U. S. 589, 610 (1978)(「公開の裁判の要件は、裁判を傍聴したり、また、目にしたものを伝えたりなどする、一般の人々や報道機関が有する機会によって満たされる。」)

3　連邦憲法修正第一条による「報道機関の積極的な権利」

バージニア州のリッチモンド新聞社事件(114)の最高裁判所によって明らかにされたように、連邦憲法修正第一条の下で、一般の人々と報道機関は、刑事裁判を傍聴できる、憲法上の積極的な権利を有することになる。(115)リッチモンド新聞社事件において、裁判所の相対的多数意見が述べたように、刑事裁判の、記者による報道は、連邦憲法修正第一条が掲げる、ごく普通の核心となる目的、つまり、「国側の職務にかかわる事柄に関するコミュニケーションの自由」を保証することが、その中心にくる。[116]

長い間、裁判所は、記者が、「公の自覚」を促進するようにしたり、また、「司法制度の働き」を理解させるようにしたりなどすることにおいて、特別の役割を果してきた事実を認めてきている。[117] 一般の人々は、一人一人が、ごく限られた時間と財力をもちながら生活する社会の中で暮しているために、国の行う仕事を、直接、知るためには、[118] 記者が、これらの人々の代理人として行動しなければならないことが、しばしば、起る。こうした考え方を敷衍してゆくならば、フォト・ジャーナリストが「法廷の中に設備を持ち込む権利」を有することを主張するようになってゆく。また、写真や放送が許されないとすれば、国側の仕事についての情報を得る一般の人々の権利が弱められることになる、といわれている。[119] さらに、一歩進めて、ネットワーク（放送網）や地方の放送局は、テレビが、他にその例を見ることができないように、法廷内で進められている事柄の映像を、すべて与えるようにしながら、それによって、訴訟手続を、理解したり、また、評価したりなどする、視聴者の能力を高めることができる旨を強調するのである。[120]

（114） Richmond Newspapers, Inc. v. Virginia, 448 U. S. 555 (1980)（相対的多数意見）。

（115） *Id.* at 580.

（116）　*Id.* at 575.
（117）　たとえば、See Cox Broadcasting Corp. v. Cohn, 420 U. S. 469, 491-92 (1970)；Nebraska Press Ass'n v. Stuart, 427 U. S. 539, 587 (1970)（ブレナン裁判官の賛成意見）。
（118）　Cox, 420 U. S. at 491.
（119）　See ABA, supra note 57, at 31.
（120）　See id.

しかしながら、それまで、裁判所は、連邦憲法修正第一条は、記者に法廷内にカメラを持ち込む権利を保証している、とは判示してきていなかった。(121) さらに、フロリダ州の一九八一年のチャンドラー事件(122)の判決と同じように、最高裁判所は、（生の証人の）証言を録音・録画または放送する憲法上の権利はない、と繰り返し述べていた。(123) なお、その上、リッチモンド新聞社事件(124)では、一般の人々の身代りとしての記者が、ある程度は、優遇扱いを受けていることは認めていたとはいえ、(125) だからといって、記者は、連邦憲法修正第一条にもとづいて、全時間にわたり法廷に出席できる、絶対的な権利をもっていたわけではないのである。「メディアの代表者は、一般の人々と同様のアクセス権を有する。その一方で、かれらは、しばしば、特別席や入場優先権を与えられている。そのために、かれらは、出席した人々が見たり聞いたりしたことを伝えることができるようになる。(126)」「刑事事件についての裁判から記者や一般の人々を締め出すことができる場合は、限られることになってゆく。したがって、アクセスを認めないようにする、州の正当化事由の内容は、十分に納得できるものでなければならない。(127)」

「公正な裁判を受ける被告人の権利」は、「公判に出席する記者の権利」に勝るのである。フロリダ州の最高裁判所は、「公正な裁判を受ける被告人の権利」の優越を認めてきた。「第一審の裁判官が、『公正な裁判を受ける被告人（中略）の権利』について誤りを犯すことは、本質的な事柄に属する。フロリダ州の法廷内に電子メディアが存在することは、望ましいことといえる。だが、それは、絶対に必要であるとはいえないのである。証人の存在は、欠くことができない。(128)」また、なんらかのタイプの記者の報道が、「公正な裁判を受ける被告人の権利」を侵害することになる、との特別の認定を裁判官が行うときには、記者の締め出しは、時間や場所や方法などについての妥当な制限として正当化される。(129)口止めの命令(130)を含む、論争の余地のあるケースの場合には区別できる。第七巡回裁判所は、つぎのように強調していた。「一般の人々の裁判へのアクセスについての制限は、アクセスの否認を行った場合と同じような厳格な審査を受けるようなことはない。（中略）目の前のケースにおいて、われわれが受けるすべての事柄といえば、それは、ニュースの報道のやり方に関する制限である。裁判をテレビで中継することを除くならば、メディアは、なんでも行うことができる。一般に、時間や場所や方法などについての制限の場合に、それが、妥当で公平でありさえするならば、その制限は、憲法上の審査に耐えることができるようになる。（中略）しかも、その上、連邦の法廷からのカメラの締め出しは合憲である、ということの基準によって判断された一般的なコンセンサスが存在する。[131]」

時間や場所や方法などの在り方を適切なものにしてゆくためには、規則は、表向きは、公平さを満足させなければならないし、それに、また、選択適用の機会を作り出してはならないのである。[132]もしも、その規則が、ほんとうに公平さを満足させるのであれば、裁判所は、時代に先行する国の利益が、言論についての付随的な制限でさえも、正当とするだけの重要性を、十分にもっているかどうかを決定しなければならなくなってくる。[133]

要するに、法廷からカメラを締め出すにあたり、連邦憲法修正第一条の価値が危うくなっている一方において、同法第一条の権利は奪われていないのである。

(121) Westmoreland v. CBS, Inc., 752 F. 2d 16 (2d Cir. 1984), cert. denied sub nom. Cable News Network, Inc, v. United States District Court, 105 S. Ct. 3478(1985) ; see United States v. Kerley, 753 F. 2d 617 (7th Cir. 1985) ; United States v. Hastings, 695 F. 2d 1278 (11th Cir.), cert. denied, 461 U. S. 931 (1983).

(122) Chandler v. Florida, 449 U. S. 560 (1981).

(123) *Id.* at 569 (quoting Nixon v. Warner Communications, Inc., 435 U. S. 589, 610 (1978).

(124) Richmond Newspapers, 448 U. S. 555 (1980).

(125) See id. at 572-73.

(126) *Id.* at 573.

(127) Globe Newspaper Co. v. Superior Court, 457 U. S. 596, 606 (1982).

(128) State v. Palm Beach Newspapers, Inc., 395 So. 2d 544, 549 (Fla. 1981).

(129) See Globe Newspaper, 457 U. S. at 606-07 & n. 17.

(130) スキャンダラスな刑事事件の捜査や公判の手続に関して、過剰な報道が、「被告人の公正な裁判を受ける権利」に不当な影響を与えることを防止するために、検察官や弁護人その他の関係者に対して、新聞記者等に事件の内容について話をしないように命じる裁判所の命令。違反した場合には contempt of court（裁判所侮辱）となる。なお、gag は、「さるぐつわ」のことで、法廷で被告人が暴言を吐き続けるなどしたときには、裁判官が正真正銘の gag order を発することもある（田中英夫編『英米法辞典』（一九九一年）三七二頁）。

(131) United States v. Kerley, 753 F. 2d 617, 620-21 (7th Cir. 1985)（原文における強調）（引用は省略）。

(132) See Lovell v. City of Griffin, 303 U. S. 444, 451-52 (1938)（印刷物を配布するのに許可を必要とする条例は、違憲と判示された）。

(133) See United States v. O'Brien, 391 U. S. 367 (1968)（裁判所は、徴兵（予備）登録カードの破り捨てに対する刑事罰の適用を支持した。その理由は、法が、表現方法を押えることとは関係なしに重要な利益を促進させることができ、また、そのような利益を促進させる必要もなくて言論を制限することもなかった、ためである)。また、一般的に、See J. Nowak, R. Rotunda & J. Young, Constitutional Law 973-88 (2d ed. 1983)（公共の場所や公共のフォーラムにおいての言論について、時間や場所、それに、方法に関しての規制を検討している）。

4　写真による報道の制限を支持する連邦憲法修正第一条の目的

裁判制度や継続中の訴訟手続について一般の人々を教育するのに、写真による報道は、役に立つ。カメラによる報道に関するこのルールを広げるにあたり、州の裁判所は、連邦憲法修正第一条の有用性を当てにしてきた[134]。とはいえ、写真報道が重要な教育上の任務を果すことができる、という前提の正しさについては、しかしながら、重大な論争をもたらす課題といえる。一九八四年の九月に、アメリカ合衆国司法会議は、カメラを認めた州の成果を検討して、「テレビのニュース放送が、法廷内の動きの簡単な抜粋のみを提供して、裁判所における訴訟手続の複雑な事柄を、しろうとの視聴者にはなにも説明してこなかった[135]」ことを指摘した。なお、会議の委員会は、法廷を放送するために主張された、教育上の利益は得られなかった、と結論づけていた[136]。

いずれにせよ、連邦憲法修正第一条の基本的な目的は、それが、被告人の権利を、妨害したり、または、侵害したりなどしないで達成できるときには、報道に賛成することになる。

その目的の「カメラによるアクセスの広がり」を許す論拠は、報道が訴訟手続の「荘重さ」や「礼儀正しさ」を妨げることはないであろう、という憶測である。綱領の35が立案されることになった背景での、第一番の動機づけの力となったものは、ハウプトマン裁判[137]で広くみられた「ローマ時代のサーカスの興行のような雰囲気」であった。しかしながら、その後の年月の経過の間に、テクノロジーの進歩は格段に進み、裁判についての写真報道の邪魔な性質を最小限に押えることができるようになった。今日では、テレビのカメラや音声の設備を完全に隠すことができるし、また、特別の照明は、もはや、必要とされない。これとともに、カメラによる報道を許す州では、メディアの人員や設備の扱いにかかわる管理上の厳格な新しい基準を採用するようにしてきている[138]。これらの、技術にかかわる詳細な説明のほかに、写真に撮ってもよいものについての制限もみられる。たとえば、陪審の写真を撮ることは、一般に禁止される。それは、一般の人々の注目を集めさせないようにするためであり、また、予想される気持ちの乱れを起させないようにするためである[139]。

(134)　たとえば、See In re Extension of Media Coverage for a Further Experimental Period, 472 A. 2d 1232, 1234 (R. I. 1984)（ロード・アイランド州の最高裁判所の判決は、憲法上の命令にもとづくよりは、むしろ、裁判所によって行われる政策上の決定に頼るようにしていた。(中略) つまり、それは、写真によるメディアのアクセスを広げるようにすることは、「裁判所における訴訟手続や判決についての一般の人々の理解や賛同」を、より得られやすくすることになろう、というものである)。
(135) No to Cameras, 70 A. B. A. J., Nov. 1984, at 29.
(136) *Id.*
(137) See supra notes 10-17.
(138) たとえば、See Md. R. Ct. Admin. 1209, Md. Ann. Code (1985)（明記すること。テレビやスチール・カメラや写真の担当者に対する技術上の要件。認められるマイクロホンの種類。音声についての制限。法廷の中での配置。人員や設備についての移動の制限)。
(139) たとえば、See In re Canon 3 (A) (7), 8 Media L. Rep. (BNA) 1336, 1337 (Arz, 1981)（見ていて、一人一人が、それとわかってしまう、のを許すような方法で陪審員を放送することを禁止した)。

これらの基準にメディアが従うことにしたために、ハウプトマン裁判やエステス裁判を特徴づけていた「行き過ぎ」の「再発の危険性」は、かなり取り除かれることになった。同時に、また、これらの基準は、証人に対する気持ちの乱れをも減らすことになったのである。それにもかかわらず、カメラが物的に存在することによるだけではなく、カメラがみせつける「広範囲にわたる視聴者」を意識することによって、証人が、どぎまぎしてしまうときには、どんなに技術的にいじくり回してみたところで、証言を禁止する効果には打ち勝てないことになってしまう。このような場合には、その重量が標準以下で、やかましくなく、さらには、目立つこともないテレビ・カメラの時代であっても、テレビ中継されている事実を知るときには、当惑や人目を気にすることや不安、あるいは、スターへの願望などの、さまざまな事情があったとしても、証人を混乱に陥れることになってしまう、という認識がみられる。(140)

いずれにせよ、結局のところ、州の規則、または、第一審の裁判官の自由裁量の不適切な行使が、証人の「誠実な反対」を押し切って、かれに対するカメラによる報道を継続して許すときには、いつでも、「証拠取得についての被告人の憲法上の権利」を危険にさらすようになるかもしれないのである。裁判所における訴訟手続へのメディアのアクセスを「対抗する政策」が容易にすることになるとはいえ、それが、「公正な裁判を受ける被告人の権利」と衝突するときには、この政策は、譲るようにしなければならなくなる。(141) カメラに適用される、現行の州の基準を検討してみるならば、「被告人の諸権利」と「裁判所の訴訟手続をメディアに公開する政策」との間で、合憲的に適切なバランスをとることに関しては、ほとんど例外なく、うまく行っていない事実が明らかとなってくる。

(140)　See United States v. Kerley, 753 F. 2d 617, 622 (7th Cir. 1985).

(141)　See supra note 128 and accompanying text.

第四節　現行の基準の欠陥

一　概　説

法廷におけるカメラの存在は、本質的には違憲でない、とするチャンドラー事件での連邦最高裁判所の判示の余波を受けて、また、部分的には、州の裁判所の訴訟手続へのアクセスの禁止を緩和するための、ニュース・メディアのプレッシャーに答えて、裁判についての放送の効果を確かめるために、州の多くは、「実験的な試みのプログラム」に取り掛った。まず、州は、そのような放送における一般の人々の利益を理解することに努める一方において、裁判のプロセスを放送が邪魔しないようにすることに気を配った。「公正な裁判を受ける被告人の権利」を保護し、また、第一審の裁判官の有する自由裁量に関しての濫用の機会を最小限に押えることを願いながら、多くの州は、念入りに作り上げた、公判前および上訴の訴訟手続を設けることにした。もっとも、このような複雑な訴訟手続をよりどころにすると、どうしても、時間がかかるし、その上、裁判のプロセスが込み入ってしまうことになる。

二　採用されたアプローチ

1　概　説

刑事裁判において、テレビ中継やラジオ放送やニュース写真の撮影を許すかどうかを決定するにあたり、州は、三つの一般的なアプローチを取り入れることにした。「第一のアプローチ」では、州のうちの、いくつかは、テレビによる放送の禁止を完全に貫き通している。また、「第二のアプローチ」における、その他の州では、裁判の関係者が反対するときには、いつでも、カメラを締め出すようにする。さらに、「第三のアプローチ」の残りの州においては、たとえ反対があったとしても、放送を継続して許すために、第一審の裁判官に自由裁量を与えるようにしているのである。[142] これらの三つのアプローチは、連邦憲法修正第一条の「一般の人々の利益」と「公正な裁判を受ける被告人の権利」との間で理に叶ったバランスをとれないままできていた。

(142) 州の法律の概観については、See Note, An Assessment of the Use of Cameras in State and Federal Courts, 18 Ga. L. Rev. 389, 402-13 (1984).

2　カメラについての機能上の禁止

いくらかの州では、カメラの禁止を完全に押し通すか[143]、それとも、動機の如何にかかわらず、ただ一人の裁判の関係者の反対にもとづいて訴訟手続からカメラを締め出すことを命じている[144]。この場合、実際には、カメラによる報道に反対する裁判の関係者が、少なくとも、常に、一人はいるために、後者のアプローチは、機能上は、完全な禁止とほとんど変らない[145]。

このようなアプローチは、「扱いやすさ」と「処理の可能」なために、極めて好都合なものとなっている。第一審の裁判官は、この問題についての申立てや証拠を聞く必要はない。しかも、その上、「公正な裁判を受ける被告人の権利」を完全に保護することができる。いずれにしても、被告人は、そのような報道が、がまんできないものであると感ずるときには、それを止めさせる絶対的な権利を有する。

とはいえ、このアプローチは、テレビ中継される裁判が果すことのできる「教育上の任務を過小に評価する場合」には、連邦憲法修正第一条の政策には十分に反応しないことになってしまう。しかも、現実には、被告人に対する権利の侵害が見られない場合、とくに、「カメラが法廷内に置かれるのを被告人が嫌っていない場合」においても、禁止は、カメラを締め出すのである[146]。結局のところ、カメラの存在は、「公正な裁判を受ける被告人の権利」を侵害しなかった、とのチャンドラー事件の判示[147]は、要するに、カメラの存在を求める命令とは同じことにはならなかった、ということになる。被告人の権利に関して、裁判所は、カメラについての「実験的な試み」を行う州に注意を促したわけである。[148] カメラによる報道を禁止する基準は、連邦憲法修正第一条の下では許されることになるが、[149] しかし、恐らく、「行き過ぎのおそれ」は出てくる、とみられていた。[150]

(143)　See id. at 402-03.

(144)　たとえば、See Ark. Code of Judicial Conduct Canon 3A (7) (6) (1982), reprinted in Modification of the Code of Judicial Conduct Relating to Broadcasting & Photographing Court Proceedings, 275 Ark. 495, 628 S. W. 2d 573 (1982)（裁判官全員の一致による）（付録）（当事者と弁護士の「書面による同意」が必要とされた。証人の反対は、その証人を写真に撮ることだけを不可能にした）。

(145)　See In re Post-Newsweek Stations, Florida, Inc., 347 So. 2d 402, 403 (Fla, 1977)（関係者の全員の同意を必要としていた「実験的な試み」のプログラムは、公判の関係者が同意しなかったために失敗に終った）。Reaves, Cameras in Court, 69 A. B. A. J. 1213 (1983)（関係者の全員の同意を求められていた二六年の間、コロラド州の法廷からカメラは締め出されていたために、ほとんどの弁護士は、訴訟の依頼者に同意しないようにすることを勧めていた）。

(146)　See United States v. Kerley, 753 F. 2d 617 (7th Cir. 1985)（被告人が、たとえカメラを望んだとしても、連邦の禁止は、時間や場所、それに、方法などについての妥当な制限である、として支持された）。

(147) See Chandler v. Florida, 449 U. S. 560 (1981).
(148) See id. at 582.
(149) See Westmorelannd v. CBS, 752 F. 2d 16 (2d Cir. 1984), cert. denied sub nom. Cable News Network, Inc. v. United States District Court, 105 S. Ct. 3478 (1985).
(150) See supra note 1, at 1563.

3　証人ごとの基準によるカメラの締め出し

証人になることが予定されている人が、カメラによる報道に反対する場合には、いくつかの州においては、その証人の証言中、カメラは、自動的に締め出させることになる。しかしながら、訴訟手続のすべてにおいて締め出されることはない。また、あらかじめ、裁判官に反対の態度を示す証人や陪審員、それに、当事者は、写真を撮られることはない。さらに、そのような証人の証言ならびに陪審員または当事者は、ラジオ放送されることも、また、テレビ中継されることもないのである。(151) 裁判官は、証人の反対を却下できる自由裁量を有しない。このような基準は、報道についての全面的な禁止と同じぐらいに、「公正な裁判を受ける被告人の権利」をほとんど保護することになる。証人は、自らの反対を知ってもらうだけでカメラから保護される。なお、反対しない証人は、カメラの存在によって、依然として影響を受けることになる。もっとも、その危険は、最小限に抑えられる。他方において、クラーク裁判官は、証人の中に、うぬぼれて、しかも、誇張して話すものがいる事実を指摘して、戒めていた[152]。テレビの視聴者を意識して、あきらかにスタンドプレーの機会を狙っている証人もみられる。ところで、州の基準は、証人自身がカメラの存在に反対しないときでも、カメラの撤去の要求を当事者に認めるようにしている。しかも、裁判のために、裁判官は、自らの申立てにもとづいて、カメラを撤去する権限を保有するようにしているのである。全面的な禁止の場合と同じように、この「証人ごとの基準」による手続においては、少ない管理費用ですむことになる。

それにもかかわらず、この基準は、全面的な禁止のように、「広がりすぎる性質」を有する。つまり、カメラが存在しても、実際には、不利益な影響を受けることがないのに、カメラによる報道に反対する証人の証言についての報道を締め出す場合が生ずる。その上、証人の証言が、関連性がなく、また、重要でもないところから、そのような「ゆがみ」が、証拠の剝奪に相当するような場合となり、写真家は締め出されることになってしまう[153]。

(151)　See Okla. Code Jud. Conduct, Canon 3(A)(7)(C), Okla. Stat, Ann, tit 5 app. 4 (West 1984).
(152)　Estes v. Texas, 381 U. S. 532, 547 (1965).
(153)　See supra note 78 and accompanying text.

4　証人の反対を制して報道の拡大を許すこと

被告人または証人自身の反対にもかかわらず、カメラによる報道を正式に許可するために、第一審の裁判官に幅広い自由裁量を与える州の基準は、「連邦憲法修正第一条の目的」と「公正な裁判を受ける被告人の権利」との間で、憲法上受け入れることのできるバランスをとることに関しては、うまく行っていない。「自由裁量による基準」は、二つの異なる理由から批判にさらされる。その基準は、いくつかの州においては、カメラの存在が、証人に不利な影響をおよぼすことになる、という「重大なおそれ」を、裁判官が知った後に、訴訟の追行の方法に関して、かれを誤って導いていくことになる。一方、その他の州の場合には、カメラが証人にマイナスの影響を与えることになるのかどうかを決定するにあたり、第一審の裁判官にガイダンスをまったく与えていない、といわせるほどに、その基準は、かなり、はっきりしていない。このような中にあって、カリフォルニア州やアリゾナ州、それに、フロリダ州の基準は、予想される問題を提起するとともに、この三つの州のすべては、カメラの存在についての証人の反対を却下するための「幅広い自由裁量」を第一審の裁判官に与えているのである。

フロリダ州の最高裁判所は、州の基準を公表した。(154) その基準は、この種の報道が、一般の人々に与える影響とは質的に異なり、特定の個人に実質的な影響をおよぼすこと、および、その影響が、伝統的なメディアによってもたらされるものとは質的に異なることなどを認定するだけでは、裁判の関係者についての電子メディアによる報道の締め出しを、第一審の裁判官に命じていないこと以外は、許可するようにしているのである。[155] 基準の言葉は、広範囲におよぶメディアの報道に賛成する「実質上の推定」として、第一審の裁判所によって解釈されることができる。フロリダ州の最高裁判所は、この問題に回答を与えた。[156] 第一審の裁判官の自由裁量についての悪用の問題に答えて、裁判所は、一九八一年に、権利侵害を立証する被告人の負担が、次第に少なくなってきている事実をほのめかす判決を公表するに至った。[157] ところで、裁判所は、前述の「質的に異なる」基準の範囲を適切に説明してこなかった。さらに、「権利の侵害」についても、また、「実質的な影響」についても、他の人々が、その基準を信頼できるほどには、その内容を明らかにしてきてはいない。[158]

(154) See In re Post-Newsweek Stations, Florida, Inc., 370 So. 2d 764 (Fla. 1979).
(155) *Id.* at 779（強調が加えられた）。
(156) See id. at 778.
(157) See State v. Palm Beach Newspapers, Inc., 395 So. 2d 544, 549 (Fla. 1981)（広範囲におよぶ報道の締出しは、第一審の裁判所の自由裁量によることになるが、他方においては、「証人の証言についての報道をメディアに許す以上に裁判が証人の証言によって進められてゆく、という重要な事実が残される。」) State v. Green, 395 So. 2d 532 (Fla. 1981).

(158)　(「フロリダ州の最高裁判所の『質的に異なる基準』では答えられない問題は、たとえば、受刑者である証人が、普通の受刑者、または、一般の人々の中の普通の人と比較されなければならないかどうか、ということである。」) Pequignot, From Estes to Chandler : Shifting the Constitutional Burden of Courtroom Cameras to the States, 9 Fla. St. U. L. Rev. 315, 347 (1981).

アリゾナ州の実際は、フロリダ州のそれとは、多少、異なる。アリゾナ州においては、まず第一に、広範囲におよぶ報道が、伝統的な報道以上に、証人またはその証言に対して、かなりな程度の有害な影響を与えるのかどうか、について第一審の裁判官は判断しなければならないのである。(159) より大きな影響を与え事実を知るに至っても、それにもかかわらず、第一審の裁判官は、カメラが法廷に存在するのを許さなければならないかどうか、について決定する自由裁量を有することになる。(160)

アリゾナ州の実際について、同州の綱領3A(7)(C)は、つぎのように規定する。「特定の証人の出廷または証言についてのエレクトロニクスやスチール写真による報道は、事件を担当する裁判官が、自身の独自の自由裁量にもとづいて、そのような報道が、証人またはその証言に対して、エレクトロニクスや写真などによらない報道よりは、実質的に、かなり大きな悪影響をおよぼすことになる旨を決定するならば、禁止することが許される。(161)」このアリゾナ州のルールは、第一審の裁判官に、理由を述べることも、また、決定を支持する事実の認定を行うことも、ともに、要求していない[162]。

(159) Sup. Ct. R. 81, Canon 3A(7)(C), 17A Ariz. Rev. Stat. Ann. (West Spec. Pamphlet 1984)（強調が加えられた）。
(160) See *id*. Canon 3A(7)(C).
(161) See *id*.
(162) See *id*.

アリゾナ州の基準には、二つの根本的な欠陥がみられる。はじめに、そのような報道が、伝統的な報道よりも、証人に対し、かなり大きな影響をおよぼすことになる、という決定がなされた後に、引き続いて、写真を撮ることや放送を行うことを許す自由裁量を、第一審の裁判官に与えるのは、適切であるとはいえなくなる。証人の証言におよぼす影響を証明でき、しかも、その影響が、かなりのものであるときには、学校教育には好都合であるという、弱められた公共政策は、証拠への被告人のアクセスを、危険にさらすようにするのを、決して許してはならないのである。第二に、放送による報道をできないようにするための、証人の証言についての実質的な影響を証明することに関しては、被告人は、このような証明を求められないようにしなければならない。すなわち、重要な、しかも、無実の罪を晴らすことになる証拠にもとづく、証明の可能ななんらかの効果は、刑事事件の場合、そのかかわり合いが強められてくるときには、カメラの締出しを正当とするに十分である、とすべきことになる。証人の証言に対しての、悩ませる効果に関しての最高裁判所の態度[163]は、「カメラの存在によって起る可能性のあるおびえ」と同じように取り扱わなければならないことを示唆する。

(163) See supra notes 87-96 and accompanying text.

フロリダ州やアリゾナ州と比べると、カリフォルニア州においては、当事者の権利を保護する裁判のために、第一審の裁判官に、報道の制限を、ただ、命じているだけにすぎない[164]。このような規定の仕方は、カメラを禁止すべきかどうか、また、カメラをいつ禁止するかなどを決めるについての実質的なガイドラインを第一審の裁判官に与えないことになる。カリフォルニア州のルールの下では、第一審の裁判官は、カメラが個々の証人、または、訴訟手続の全体におよぼす影響に関する証拠を取り調べることは求められていない。その結果、カメラが「証拠取得についての被告人の権利」を侵害したかどうかの問題が、もしも、上訴の段階で提起されたとしたならば、上訴裁判所が検討するための、この問題に関する「認定された材料」や「第一審の裁判官の理由づけの記録」などはないことになってしまう。しかも、その上、証人が、カメラによって、ほとんど、おびえさせられてしまう状況に対しては、カリフォルニア州の基準は、第一審の裁判官になんらの注意をも喚起していないのである。このほか、カリフォルニア州のルールは、強姦事件の被害者や子供や新しい場所に移住した証人、それに、放送によってとくに影響を受けやすい人々などの証言の間は、テレビの中継を止めなければならない、というようなことを推定させるようにもしていない[165]。

これらのアプローチのすべてにおいての重大な欠陥は、そのような写真が、決定的ともいえる「証言を損なう事実」を論証できるときに、法廷内の写真の禁止を命じないことによって、「証人の証言についての被告人の権利」を保護しないようにしていることである。もしも、州が、証人の反対を押し切って、ラジオやテレビ、それに、写真による報道を許すつもりであるならば、そのような報道が、その証人の証言に不利な影響をおよぼすのかどうかについて、公判の前に決定しなければならない、といえよう。グリーン事件[166]において、裁判所は、エレクトロニクスによるメディアの報道を禁止する申立てにおいて、憲法上のデュー・プロセスの部分の侵害を、被告人が、十分に主張した場合には、証拠にもとづく審理を行うことの重要性を認めるに至った[167]。なお、この場合、被告人は、「精神の衰弱」のために悩んでいた。さらに、放送による報道が、「裁判を受ける被告人の能力」に影響をおよぼすかどうかの問題が生じた。結局のところ、有害な影響があるかもしれない、と裁判官が判断するときには、報道を許可する自由裁量はない、ということになる。

三つの一般的なアプローチについて言うならば、「証人ごとの決定」は、「公正な裁判を受ける被告人の権利」と連邦憲法修正第一条の「一般の人々の利益」を釣り合わせることによって最もうまくゆく、といえるのかもしれない。[(168)] 広がりすぎを正し、また、管理の可能な状態を少しずつ害しないように修正を加えてゆくならば、「証人ごとのアプローチ」は、一層望ましいものになる、とみられている。[(169)]

(164) Cal. R. Ct. 980 (b)(West 1985).

(165) Cf. Wis. Sup. Ct. R. 61. 11 (1)(West Supp. 1985)（犯罪の被害者、警察への情報の提供者、青少年、新しい場所に移住した証人、秘密捜査官、これらに類似した状況におかれた人々などによって行われた「カメラの締出しの要求」についての正当性の推定）。

(166) Green v. State, 377, So. 2d 193 (Fla. Dist. Ct. App. 1979).

(167) *Id*. at 200.

(168) See supra note 1, at 1566.

(169) *Id*.

三　カメラに対する異議を処理する上訴の不適切なプロセス

最高裁判所は、「破棄は、酌量すべき情状を除くことになる。つまり、救済策は、そのはじめにおいては、権利の侵害を防止する救済措置の中にある。裁判所は、権利侵害的な外部の妨害から、そのプロセスを守る原則や規制によって、そのような措置を取らなければならない」と述べている[170]。それにもかかわらず、チャンドラー事件[171]において、最高裁判所は、報道が、「被告人を公正に裁く陪審の能力」を危険にさらしたことも、また、「デュー・プロセスを否定するのに十分なほどの悪影響」を裁判の関係者に与えたことも、ともに、被告人が立証できたならば、かれは、上訴において救済を得ることができる、と判示したのである。とはいえ、実際問題として、このような上訴による救済方法が、とくに、もしも、テレビによる権利の侵害が、「極めてとらえにくいもの」であって、通常の証明の方法を逃れることになってしまうならば、適切とはいえなくなる[172]。また、証人の反対の性質や内容に関する裁判記録をもたらす予備審問がないとすれば、実際に、カメラによる報道が、マイナスの影響を訴え出るようにさせたかどうかを上訴裁判所が決定するのは、事実上不可能といえるかもしれない[173]。さらに、審問が行われたにしたところで、裁判記録の「書かれた言葉」は、証人の態度や説得力、または、進んで自由に話す積極性などについて、カメラのもつ効果を立証することに関しては、多くの場合、適しているとはいえない。実のところ、エステス事件以降、法廷におけるカメラの存在の結果として、ただの一件も有罪判決は破棄されていないのである。もしも、州が、法廷へのメディアの「写真によるアクセス」を認めるつもりであるならば、州の状況を見たところでは、そのルールは、上訴による再検討を求めることのできる問題を避けるようにして作らなければならなくなってくる。

このようなことから、裁判の関係者におよぼす「カメラのとらえがたい影響力」とそのような影響力を「上訴において立証することの難しさ」の両者は、カメラによって引き起こされた「潜在的な権利の侵害」が、その始まりにおいて、まず、取り扱われるようにしなければならないことを示唆するのである。(174)

(170)　Sheppard v. Maxwell, 384 U. S. 333, 363 (1966).
(171)　Chandler, 449 U. S. at 581.
(172)　Estes, 381 U. S. at 578（ウォーレン首席裁判官の賛成意見）（注は省略）。
(173)　See Chandler, 449 U. S. at 577.
(174)　Sheppard, 384 U. S. at 363.

第五節　提案された基準

一　概　説

憲法違反を理由とする証拠の剥奪の行われる回数を少なくするためには、州の裁判所は、裁判所の訴訟手続の場でのカメラの存在を管理する基準を作るに際しては、「証拠取得の権利」のケースの中で展開されたパラダイムの要素を用いなければならない、といわれる(175)。このことから、証人の反対に「誠実さ」がみられるかどうかを決定する手続、ならびに、「連邦憲法修正第一条の利益」と「能率的な裁判の運営の利益」とを比較考慮する手続が、提案されることになる。しかも、提案された基準は、カメラによる報道が憲法に準拠した違反に終ったかどうかを、上訴裁判所が、比較的容易に決定できる具体的な裁判記録を作り出すのである。以上のことから、提案された、これらの手続上の保護は、多くの現行の州の基準よりも、「証人の出頭を強制する手続についての被告人の権利」を、より一層保護することになるし、同時に、また、連邦憲法修正第一条の定める事柄にも気を配るようになる、と説かれている(176)。

(175) See supra notes 78-105 and accompanying text.
(176) See supra note 1, at 1567-68.

二　証人の反対についての対処

「証拠取得の権利」のケースにおいて、第一審の裁判官は、実行の可能な場合には、いつでも、被告人には有利となり得る特定の証拠が、被告人に開示を保証する犯罪の問題に対して、「関連性」や「重要性」、それに、「不可欠さ」などが十分にあるかどうかを見極めるために、カメラについて調査を行うのである。[177] もっとも、「おびえ」の事件の場合[178]には、公判の間に、国側の行為の結果として「剝奪」が起るので、予備審問を行うことはできない。被告人の事件についての証拠の価値を決定した後に、第一審の裁判官は、証拠を差し控えるようにしたときの州の利益とその必要性とを比較検討するのである。[179] 被告人の事件にとって、証拠が、必要欠くべからざるものであることが判明するときには、国側の利益のすべては、事実上、後退することになり、その結果、証拠を被告人のために役立たせるようにしなければならなくなる。

(177) たとえば、See United States v. Gaston, 608 F. 2d 607, 613-14 (5th Cir. 1979)（ブラディ事件

を構成するもののうち、カメラの検討について、第一審の裁判所がなにもしなかったことは破棄事由となる誤りである。反ばくできなかった証拠は、開示しなかった資料が、結果に影響をおよぼすことができなかった、という結論を認めるほどには、決定的に、被告人の有罪を立証することにはならなかった)。United States v. Zarattini, 552 F. 2d 753 (7th Cir. 1977)（大陪審の証言についてのカメラの検査の後に、第一審の裁判所は、無罪を証明する、すべての証言が、検察官によって、被告人側に与えられることになった、との結論を下した)。

(178)　たとえば、See Webb v. Texas, 409 U. S. 95(1972) ; United States v. Smith, 478 F. 2d 976 (D. C. Cir. 1973).

(179)　このようなタイプの比較検討の例を示すならば、ロビアロ事件の場合に、裁判所は、情報の提供者の匿名性を守ることについては国の利益を認めたけれども、しかし、このような特権は、「公正についての基本的な要求」によって制限されることになる、と判示した(Roviaro v. United States, 353 U. S. 53, 59-60 (1957)。また、裁判所は、「情報の氾濫を防ぐ公共の利益を、防御の準備をする個人の権利で埋め合せるようにして、「証拠取得についての被告人の権利」をまさるようにしなければならない、と結論づけたのである。*Id.* at 62.

同じようにして、証人が、自らの証言についての「写真による報道」に反対するときには、反対の理由、ならびに、そのような報道が証言におよぼすであろうとかれが主張する影響を説明するために、第一審の裁判官に対する宣誓供述書によって、そのような反対を主張することを求められるようにしなければならない。このようなアプローチは、「証人ごとの決定」

を必要とする。個々的に行われたこのような調査は、裁判の関係者の一人でも反対するときには、訴訟手続のすべてについて、カメラの存在を禁止するよりも、どちらかといえば、連邦憲法修正第一条の利益を、より一層、見事に、保護するようにしてゆく。また、このアプローチの下では、カメラは、反対を表明しないすべての証人の証言をフィルムに収め、また、テレビで放送するのを許されることになる。さらに、「にせ」の反対が排除される。提案についての重大な欠点は、課せられるであろう「追加の管理上の負担」である。[180] 訴訟経済の見通しから言うならば、すべての裁判からカメラを締め出すこと、あるいは、すべての裁判においてカメラを認めることのほうが、より効率的であることは、はっきりしている。ところが、大多数の州では、中間のところを選ぶようにしてきた。そのために、管理上の手続に関しては、すでに過重の負担状態になってしまった第一審の裁判官に対して、押しつけることになった「追加の仕事の重荷」を制限するようにしなければならないのである。

(180)　たとえば、See Westmoreland v. CBS, 752 F. 2d 16, 25 (2d Cir. 1984)（ウィンター裁判官の賛成意見）（ケース・バイ・ケースの決定の難しさを説明している）cert. denied sub nom. Cable News Network, Inc. v. United States District Court, 105 S. Ct. 3478(1985).

いくつかの州においては、①メディアの代表者による報道の要求を処理する責任を負うメディアの「コーディネーターの任命」を正式に認可すること、②その要求を裁判の関係者に知らせること、さらには、③反対についての広報機関の役目を果すようにすることなどによって、このような負担を和らげるのに成功している。[181] このようなことから、予備段階での裁判官の役割は、①宣誓供述書を審査したり、②適切な指示を与えたり、また、③証人の反対に重大な問題がある若干の場合には、公判前の審問を求めたりなどすることに限られる。

反対を裁判記録にとどめることの要求は、被告人に対する権利侵害の危険を、最小限にしたり、あるいは、排除したりなどするのに必要な方法を明らかにするのを許すだけではない。[182] このほかに、裁判の関係者の反対や裁判官の認定とか理由づけをはっきり述べる「上訴の審査のための事実にかかわる詳細な記録」を提供することにもなる。

(181)　たとえば、See Wis. Sup. Ct. R. 61.02 (1) (West Supp. 1985)（カメラについてのガイドラインを実施するにあたり、首席裁判官や第一審の裁判官と一緒に仕事をする、各司法行政地区の「コーディネーター」を任命する評議会に対して「情報の自由」を与えるようにしている）。

(182)　Chandler, 449 U. S. at 577.

三　適用のための基準

上訴裁判所は、「証拠の差控え」のケース[183]において、証拠の差控えが、証拠の剝奪同然であったかどうかを決定するにあたり、被告人が、防御にとって、「関連性」があり、「重要」で、しかも、「必要不可欠」であったとみられた証言を剝奪されたかどうかを確かめることにしている。[184] 被告人は、公表されなかった証拠が、裁判の結果に影響をおよぼしたかもしれないことを、立証しなければならない。[185] なお、「おどし」のケース[186]では、証言が、たとえ、提出されなかったとしても、実在についての推定があることになる。

(183) See supra notes 86, 102–105 and accompanying text.
(184) United States v. Valenzuela-Bernal, 458 U. S. 858, 867 (1982)（原文における強調）(Washington v. Texas, 388 U. S. 14, 16 (1967)を引用)。
(185) たとえば、See United States v. Agurs, 427 U. S. 97, 104 (1976).
(186) See supra notes 87–96 and accompanying text.

裁判所は、証拠取得についての「被告人の権利」と刑事裁判の訴訟手続をエレクトロニクスのメディアで報道する場合の「一般の人々の利益」を上手に釣り合わせるための基準を作り上げようとする。そこで、すでに時間を消費してしまい、また、金がかかってしまっている裁判のプロセスは、手続上の戦略のために、それ以上長たらしくしてはいけないことになるわけである。裁判の報道についての「一般の人々の利益」が憲法の水準まで達していない場合には、「証言の重要性」や「反対の正当性」に関する公判前の、証拠にかかわる非常に長い審問は、裁判の資源の浪費といえる。そうした、追加された、裁判の遅れと出費を避けるためには、裁判所は、カメラによる報道についての被告人の反対に対処するに際しては、「おびえ」のケースの論法にならわざるを得なくなる。特定の証人の証言の間、カメラを締め出すことの申立てを含めて、事件にとって、証言が重要であることを立証するために、証人を呼び出す被告人側の弁護士の主張は、「重要であることの推定」へと導いてゆくようにしなければならないのである。

四　被告人側の証人の反対についての事実の正当性

反対する証人によってもたらさせる証言が、「関連性」があって、「重要」で、しかも、「被告人にとって有利になる」と考えられるならば、第一審の裁判官は、また、証人の反対が正当であるかどうか、を決定しなければならない。この個人に関係する事実の「不利益テスト」の問題においては、被告人が「公正な裁判を受けるかれの権利」を奪われたかどうか、が問われることになる。証言を放送によって報道するについての被告人側の証人の「個人的な恐れ」が妥当であるかどうか、ではない。とくに、裁判所における訴訟手続やこれらの訴訟手続のテレビによる放送に、慣れ親しんできた裁判官によって感じとられてきたように、カメラへの恐怖心は、しばしば、ばかげたものにみえるであろう、といわれる。けれども、証人の立場にたたされた思慮分別のある人が、同じような恐怖心を抱くかどうか、ということとは「公正な裁判を受ける被告人の権利」とは関係がない。

裁判の関係者の反対の正当性を判断する裁判官を助けるために、さらに、裁判の運営のために、いくつかの州では、そのものの反対が、「正当性の推定」を有している、と思われる「関係者の種類」を定めるようにしてきた。たとえば、犯罪の被害者、警察への情報の提供者、青少年、秘密捜査官、新しい場所に移住した証人、それに、似たような立場に置かれたその他の人々によって、カメラの締め出しの要求が行われたときの「正当性の推定」である。(187) これらの種類の人々は、表面的には、検察官側の証人ということになる。けれども、推定のために、かれらを選び出す根本の理由は、被告人側の証人のいくらかのタイプ、たとえば、「報復の恐れが存在する場合」とか「困らせるようなアリバイの証拠が提出されるかもしれない場合」にも、また、適用される。そのような推定は、証人の証言が、カメラの存在によって、とくに、影響を受けるようになるかもしれない状況の場合に、第一審の裁判官に注意を喚起する働きを有する。さらに、証人の反対に打ち勝つメディアのプレッシャーから、裁判官を保護する役割をもっている。この種のプレッシャーについてコメントした中で、ウィンター裁判官は、「ケース・バイ・ケースのルールは、おそらく、テレビジョンに賛成する推定のほうに発展してゆくことであろう。(中略) 実際には、ケース・バイ・ケースのアプローチは、『テレビジョンを許すこと』と『それの唯一の相手としての一つの立場を仮定すること』との間で、第一審の裁判所に選択させることになる (中略)」と述べていた。[188] なお、同じような推定は、カメラによる報道を正当と認める、すべての州において、採用されるようにしなければならないのである。[189]

このほか、法廷内のカメラを許す州では、メディアのコーディネーターに対する宣誓供述書の中で、エレクトロニクスによるメディアの報道についての「反対の根拠」を、反対する証人が示すようにすることを求めなければならない。このような指摘は、証人とメディアの間における、「実現の可能な歩み寄り」についての潜在的を能力を、メディアのコーディネーターに判断させることになる。[190]

(187)　See Wis. Sup. Ct. R. 61. 11 (1) (West Supp. 1985).

(188)　Westmoreland, 752 F. 2d at 25-26（ウィンター裁判官の賛成意見）。
(189)　See supra note 1, at 1590.
(190)　*Id.*

五　反対についてのメディアの反応

法廷にカメラを持ち込むことの特権、つまり、裁判所が憲法上命ぜられたものとは決してみなしてこなかったアクセスを、[191] メディアは求めることになるので、公判ごとの基準にもとづいたアクセスを要求する負担は、メディア側に課せられなければならない。このことは、まさに、ウィンター裁判官が懸念した、「事実上の推定」が展開されるのを避けるプロセスの中で用いられなければならない訴訟手続の一つなのである。[192] いくつかの州においては、既に、このような訴訟手続を用いるようにしている。[193] それまでに、大多数の州が行っていたように、[194] この種の負担をメディアに課すことは、裁判所が、将来の証人に「計画された報道」を知らせたり、また、公判の前に「反対」を知らされたりする時間を許すことになる。同じように重要なことは、カメラの許可が、特権であって、権利ではない、ということを、このような訴訟手続が、メディアや裁判官、それに、当事者に対して、強く印象づけることである。

たとえば、官吏に対する刑事裁判のように、特定の証人の証言を、テレビで中継したり、あるいは、写真に撮ったりなどすることに、一般の人々の関心が高まっている事実を、メディアが、一方的に主張するときには、その主張は、迅速に聞き入れられるようにしなければならない。また、報道機関は、一般の人々の関心が高まった旨を、はっきり述べるには、最も良い立場にいる。一つのケースを報道する「特別の要求」が実際にあることによるけれども、メディアは、その関心の強さを示すことになる。その一方で、エステス事件におけるハーラン裁判官の意見の中で、同裁判官によって仮定されたことと同じように、広く知らせることで「公正な裁判を受ける被告人の権利」を侵害する「おそれ」はあるが、もしも、事件が有名な訴訟であれば、それは、やはり、カメラを禁止する必要が出てくるかもしれない(195)。しかしながら、「特定の証人」に関する写真およびエレクトロニクスによる報道に賛成である旨をメディアが述べるのを許すについては、本来的に、いくつかの危険が存在する。多くの州の裁判官は、「選ばれた役人」であって、しかも、かれらは、メディアのイメージには極めて影響されやすい。そのために、報道についての証人の反対を支持して、メディアに逆らうことについては気が進まないかもしれない。ダグラス裁判官は、説明に役立つような出来事を詳しく述べていた(196)。それは、次のようなことである。近ごろ、国中のあらゆる裁判所で、公判や審理の際に、ラジオやテレビを利用する、というプレッシャーがみられる。一つの州においては、ラジオやテレビの放送事業は、これらの放送を禁止してきた裁判所において、銃を構えることになった。裁判所が弁護士のためのものではないことを人々に気づかせたり、あるいは、活動に移ること、または、ルールを変えることのために裁判所の関係者に手紙を書くことを視聴者に熱心に進めたりなどするについて、一五分の間隔を置きながら、放送中、スポット、すなわち、「短いアナウンス」があったのである。

(191) See supra notes 121-133 and accompanying text.
(192) See supra note 188.
(193) たとえば、See In re Canon 3A(7), 6 Media L. Rep. (BNA) 1491,1493 (N.M. 1980)（「〔メディアによる放送についての〕許可は、初めに、裁判官によって、はっきり与えられることになる（中略）。」）
(194) See National Center for State Courts, supra note 53.
(195) See Estes, 381 U. S. at 590-92（ハーラン裁判官の賛成意見）。
(196) Douglas, The Public Trial and the Free Press, 33 Rocky Mtn. L. Rev. 1,1 (1960).

カメラに対し、証人には「もっともな反対理由」があることを、もしも、裁判官が納得するならば、メディアの代表者は、証人の不安を和らげることになるかもしれない、正規の、写真またはテレビによる報道に対する「代りの方法」を持ち出すことができる。たとえば、テレビのジャーナリストは、特殊な照明方法やエレクトロニクスによる声の改造によって、あるいは、単に、証人をカメラから隠すことだけで、しばしば、インタビューを受けている人の身元を偽ることができるのである。このほかの場合としては、反対する証人の証言についての放送を、公判の終了後まで、遅らせることができる。公判の報道に関して、このような方法が用いられるならば、一般の人々は、テレビを介して、より以上に完璧なアクセスをもつようになる。しかも、なお、証人は、ある程度のプライバシーや安全を保つことができるのである。

法廷において、エレクトロニクスによるメディアを許すかどうかを決定するにあたり、第一審の裁判官に自由裁量を認めるようにしている制度に内在する「遅れ」を抑えるために、なお一層の努力において、いくつかの州では、ニュース・メディアによる、アクセスを拒否されたことを理由とする「上訴による審査の要求」を認めないことにしている。[197] また、有害な影響の可能性についての第一審の裁判官の決定と比較検討するときには、「運営の容易」であることとの関係や放送における「利益の少なさ」を考えるならば、そのようなルールは、十分に正当化されることになる。

(197)　In re Canon 3A(7), 6 Media L. Rep. (BNA)1491, 1493 (N. M. 1980)（「これらのルールによって与えられた特権の行使を求めるニュース・メディアの関係者あるいは団体の要求にもとづいて、これらのルールの下における裁判所の決定や命令を審査する、その上訴の、または、監督の、管轄権を、上訴裁判所は、行使しないであろう。」）

刑事事件の裁判での証人が、法廷内のカメラの存在に反対するときには、その反対は、いつでも、注意深く考えてみる必要がある。カメラについての証人の反対に、もっともな理由がある、と裁判所が判断するならば、連邦憲法修正第六条と同第一四条は、カメラを締め出すことを命ずるようになる。結局のところ、これまでみたような状況の中で調査を行うようにすれば、裁判所は、訴訟手続に対する「一般の人々のアクセスに賛成する政策」と「証拠取得の被告人の権利」との間で、憲法にもとづいた、より適切なバランスをとることができる、というわけである。

第二章　アメリカのテレビ報道(2)
――提案されたアメリカでのガイドライン――

第一節　概　説

つぎに、法廷内のカメラによる取材を認めるために提案された、アメリカでのガイドラインの検討に移ることにしよう。法廷内の訴訟手続についての写真やエレクトロニクスによるメディアの報道は、一九六五年の時点では、わずかに、二つの州、すなわち、コロラド州とテキサス州が、これを認めていたにすぎなかった。一九六五年のテキサス州のエステス事件の判決においては、「われわれの四八の州と連邦の規則は、法廷内でのテレビの使用をふさわしくないもの、と考えてきた」[1]と述べている。この場合の「写真およびエレクトロニクスによるメディアの報道」という言葉遣いは、テレビ中継またはラジオ放送という趣旨で用いられるが、その内容は、スチール・ニュース写真や録音テープや映画フィルム、それに、ビデオテープなどの方法によって「情報を取得すること」と、その「情報を、世間に、広めたり、または、伝えたりなどすること」の両者を含む[2]。

一九八〇年代の半ばの時点では、四三の州が、実験的または恒久的な基準にもとづいて、上訴およびまたは公判の訴訟手続についてのテレビによる放送を許すようになった。[3] このうち、三二の州は、メディアによる報道を広範囲にわたって認める「恒久的なルール」をもつ。また、一四の州は、報道についての「実験的なルール」を定めていた。さらに、カンザス州とミネソタ州、それに、ニュー・ジャージー州の三つの州は、「実験的なルール」と「恒久的なルール」の二つを有していた。この当時、コロンビア特別区、インディアナ州、ミシガン州、ミシシッピ州、ミズーリ州、サウス・カロライナ州、サウス・ダコタ州、それに、バージニア州の各法域においては、メディアによる広範囲にわたる報道は、禁じられていた。[4]

公判についての、テレビ中継または写真による報道を許す公判裁判官の判断を支持した事件には、つぎのようなものがある。(一九八五年現在)。①ゴンザレス事件[5](一九六八年・コロラド州)、②ポスト・ニューズウィーク・ステーション社事件[6](一九七九年・フロリダ州)、③ニューサム事件[7](一九八〇年・ニュー・ジャージー州)、④グリンネル通信会社に関する州対ラブ事件[8](一九八〇年・オハイオ州)、⑤パーム・ビーチ新聞社事件[9](一九八〇年・フロリダ州)、⑥キング事件[10](一九八一年・フロリダ州)、⑦ジョンソン事件[11](一九八二年・アイオワ州)、⑧ジェサップ事件[12](一九八二年・ワシントン州)、⑨マクスウェル事件[13](一九八三年・フロリダ州)、⑩パトン事件[14](一九八五年・フロリダ州)、⑪ロジャーズ事件[15](一九八五年・オハイオ州)。

右の発展は、系統立った、あるいは、一定したやり方でもたらされたわけではなかった。連邦裁判所によるガイドラインがなかったために、州は、独立して「実験的な試み」を行ってきたし、また、この際に生じた憲法上および政策上の利害の衝突を調整するにあたっては、「独自のガイドライン」を採用することにしていた。なお、法廷内のカメラについての論争に関係する憲法上の条項としては、連邦憲法修正第一条、同第六条、それに、同第一四条の「デュー・プロセス」の条項をあげることができる。

(1) See Estes v. Texas, 381 U. S. 532, 544 (1965).
(2) See Final Report of the Hawaii State Bar Association Committee on "Cameras in the Courtroom", 17 Hawaii B. J. 3, 4 n. 1 (1982)(以下においては、Hawaii Report として引用する)。
(3) See Radio-Television News Directors Assn., News Media Coverage of Judicial Proceedings with Cameras and Microphones at B-1 (Jan. 8, 1986)(以下においては、RTNDA として引用する)。
(4) *Id.* at B-2. RTNDAの調査書のコピーと法廷内の放送の評価に関する多くの州の報告書は、RTNDA, 1735 DeSales St., N. W., Washington, DC 20036 より入手できる。
(5) Gonzales v. People, 165 Colo. 322, 326, 438 P. 2d 686, 687-88 (1968).
(6) In re Post-Newsweek Stations, Fla., 370 So. 2d 764 (Fla. 1979)(以下においては、Fla.

Report として引用する)。

(7) State v. Newsome, 177 N. J. Super. 221, 228-29, 426 A. 2d 6872-73 (App. Div. 1980).

(8) State ex rel. Grinnell Communications Corp. v. Love, 62 Ohio St. 2d 399, 406 N. E. 2d 809 (1980) (per curiam).

(9) Palm Beach Newspapers v. State, 378 So. 2d 862 (Fla. Dist. Ct. App. 1980).

(10) King v. State, 390 So. 2d 315, 318 (Fla. 1980), cert. denied, 450 U. S. 989 (1981).

(11) State v. Johnson, 318 N. W. 2d 417, 424-25 (Iowa), cert. denied, 459 U. S. 848 (1982).

(12) State v. Jessup, 31 Wash. App. 304, 641 P. 2d 1185, 1194 (1982).

(13) Maxwell v. State, 443 So. 2d 967, 969-70 (Fla. 1983).

(14) Patten v. State, 467 So. 2d 975, 979 (Fla), cert. denied, 106 S. Ct. 198 (1985).

(15) State v. Rogers, 17 Ohio St. 3d 174, 184-85, 478 N. E. 2d 984, 994-95, vacated on other grounds, 105 S. Ct. 2633 (1985).

アメリカの州に対する、このような「ガイドラインの展開」は、裁判の関係者に対する公正な取扱いを確実にし、また、法廷内での礼儀正しさを守ってゆくにあたり、「メディアの自己訓練は、必ずしも、十分なものではない」という信念から、おもに、由来する。また、選挙によって選ばれた裁判官に内在するプレッシャーのために、あらかじめ、法廷内では、放送する者に制限を設けるようにした「絶対的な自由裁量」を裁判官に与えるよりは、むしろ、「制限的で包括的なガイドライン」を定めたほうが、より一層賢明である、ともみられていた[16]。テレビは、報道機関に合わせるようにしたり、また、有権者に強い印象を与えたりなど、すぐれた伝達方法を裁判官にもたらす。報道機関が被告人に好意を示すために、そのようなプレッシャーは、裁判官に影響をおよぼすことになる。一九六二年に、上位裁判所のヘンリー・S・スチーブンス裁判官は、綱領の35の改正を検討するアメリカ法律家協会の委員会において、つぎのように語った。「広く世間に知られた事件の場合に、写真を締め出す勇気を十分にもつ裁判官には災いがみられる。かれは、報道機関によって、穏やかな方法で扱われることはないであろう、ということをあえて言っておきたい。報道機関をうとんじることは、かなりのひどい試練となりうる事実を、わたくしは、つらい経験から知っている[17]。」

とは言っても、この分野の「州独自の実験的な試み」は、著しく異なった方法で問題にアプローチする、極めてバラエティーに富んだ「ガイドライン」を生み出すことになる。このことから、州の刑事裁判をテレビで中継するための、「一連の同一のガイドライン」は、法廷内の関係者の諸権利を保護し、また、刑事裁判制度の円滑な運営を促進させるためには必要である、と考えられるようになってきた[18]。

(16)　See R. Chapin, Uniform Rules of Criminal Procedure for All Courts 28 (1983)(「自由裁量

を制限するルールは、権限の乱用に対しては重要な保護手段となる。裁判官が、(中略) あまりにも多くの自由裁量を有するときには、刑事裁判制度は、人についての制度ではなく、法律についてのそれに関するアメリカの理想を踏みにじることになってしまう。」)

(17) E. Gerald, News of Crime : Courts and Press in Conflict 156 (1983). また、See Estes v. Texas, 381 U. S. 532, 548-49 (1965); Callahan v. Lash, 381 F. Supp. 827, 833 (N. D Ind. 1974) (裁判官、とりわけ、選挙で選ばれた裁判官におよぼすテレビの有害な心理的影響を認めること)。Gerbner, Trial by Televison : Are We at the Point of No Return ?, 63 Judicature 416, 424 (1979) (「直接的にも、また、与論の形成を通すことによっても、ニュース・メディアが〔第一審の裁判官〕に集中するのは可能である、というプレッシャーに気がつかないままでいるのは理解しにくい。」) (Estes, 381 U. S. at 548-49 を引用する)。Report of the Minnesota Advisory Committee on Cameras in the Courtroom to the Supreme Court 11 (1982) (「〔メディアによる〕個人の感性に対する「眼識の良さ」および「気づかい」についての、現実の推移の場合、どちらかといえば、強力な証拠は、委員会の注意をひくことになったし、また、メディアに対する不利な決定が裁判長よりなされたときには、裁判長に向けられた、いくぶんかは眼識の不十分な点にかかわる特別の証拠を含むことになる。」) (以下においては、Minn. Report として引用する)。"Television in the Courtroom-Limited Benefits, Vital Risks ?", 3 Com. & the L. 35, 40-41 (1981) (一九八〇年九月一六日に、同盟教育財団によって提出された教育会議の議事録) (「再選のために走りまわらなければならない州の裁判官は、また、与論のプレッシャーから免れられない。刑事事件において、かれらは、しばしば、評判の良くない判決を作成するのを余儀なくされる。われわれの下級審の刑事裁判所を統括する裁判官の質については、どのようにも言うことができるとしても、多くのものは、評判の良くない判決を避けるために、優秀な素質を発揮してきた。カメラが存在することは、そのような素質を押えつけてしまうことではなく、どちらかと言うと、本分についての、より以上の怠慢を助長することになる、といえる。」）（以下においては、“Television in the Courtroom” として引用する）。メディアのプレッシャーによって裁判官の自由裁量が影響を受ける可能性があるために、公判のプロセスについてのメディアの影響を制限するのは重要なことである。See Gaines & Stuplinski, Should Trials be Televised, Broadcast, Photographed ? “No” Says the Greater Cleveland Bar Association, 49 Clev. B. J. 296, 297 (1978).

なお、テレビのニュース・キャスターは、法律家協会、または、これと関連する職業によって正式に認められたメンバーではない。また、政府によって認可されたわけでもない。さらに、法律上の倫理コードによる制限も受けていない。コマーシャルの需要を生み出すために、かれらは、一般の人々の最も基本的な欲求を満足させるものを編集し、要約し、ドラマ化し、センセーショナルなものにするについて、自由な選択を行うのである。“Televison in the Courtroom”, supra at 36（会議の議長のG・バラシュのステートメント）。See Bollinger, The Press and the Pullic Interest : An Essay on the Relationship Between Social Behavior and the Language of First Amendment Theory, 82 Mich. L. Rev. 1447, 1457 (1984)（「この国の報道機関は、専門家で構成された団体としては、それ自体の認識においては、いく分かは落ち着きが感じられないようにみえる。」）Friendly, National News Council Will Dissolve, N. Y. Times, Mar. 23, 1984, at 11, col. 1 (city ed.) ; Minn. Report, supra note 17, at 17.

(18)　以下の「同一性に関する議論」を参照されたい。

以下においては、アメリカの州での、刑事裁判をテレビで中継する際にみられる「対立する利益」を分析しながら、法廷においてエレクトロニクス・メディアを許すことについての決定をする州が考慮すべき事柄に対して「一連のモデルのガイドライン」が提案されているので、これをみてゆくことにしたい。この提案の中では、法廷内の放送者に対する制限に、かつては賛成し、しかも、「公正な裁判を受ける被告人の権利」が、「出席している放送メディアの利益」や「一般の人々の知る権利」よりは、用意周到な保護を、より多く受けるものであることを主張するに至っている。内容的には、まず第一に、一連のどのような「ガイドライン」も従わなければならない憲法上の原則を明らかにする。第二には、政策上考慮すべき事柄を分析する。この場合には、州の「ガイドライン」を明確に表現しなければならない。同時に、被告人の利益が、放送する者のそれの上に置かれることを、健全な公共政策が要求している、と結論づける。さらに、第三には、これらの難しい憲法上ならびに政策上の問題を州が解決してきた方法について触れる。この点については、前述の第一と第二の説明において、そのあらましが述べられた原則に、最も良く適合する解決方法を示すことになる。なお、この第三の部分においては、州による利用のための「一連の同一のガイドライン」を公表することの望ましい点を論ずることにしている。かくして、州は、提案された「一連の模範となるガイドライン」を採用するように要請される。(21)

このほか、コロラド州の第二〇番目の裁判管轄区のマレー・リヒテル裁判官は、この当時、州の第一審の裁判官の全国会議のために、一連の似たような「ガイドライン」を起草していた。(22)

(19) Nancy T. Gardner, Cameras in the Courtroom : Guidelines for State Criminal Trials, 84 Michigan L. Rev. 475, 476 (1985).
(20) *Id.*
(21) *Id.* at 476-77.
(22) 同裁判官は、ニュース報道ならびに公正な裁判に関する委員会、および、拡大されたメディアの報道のためのモデルのルールに関する小委員会における、それぞれの委員長であった。

第二節　憲法上の制約

州の刑事裁判をテレビ中継することが、連邦憲法修正第一四条の「デュー・プロセス・オブ・ローについての被告人の権利」を侵害するかどうかの問題と取り組むにあたり、最高裁判所は、「二つのきっかけ」をもつことになる。一九六五年に、裁判所は、テキサス州のエステス事件[23]において、法廷内で放送する者によってもたらされた「サーカスのような雰囲気」は、被告人からデュー・プロセスを奪うことになる、と判示した。公判をテレビ中継できるかどうかを検討するための正式な事実審理の前の審問の間に、少なくとも、一二名のカメラマンが、映画とスチール写真を撮り、また、訴訟手続をテレビ中継する審問の間中、法廷内にいた。ケーブルとワイヤーロープが法廷の床をヘビのようにはっていた。また、三本のマイクロホンが、裁判官の席にあった。それ以外のものは、陪審員の席と弁護人のテーブルに向けられていた。テレビのクルーとニュース写真の担当者の行動が、審問を、かなりの程度、妨害したことが認められている。[24]有罪判決を破棄するにあたり、多数派の、五人の裁判官のうちの、四人の人々は、刑事裁判をテレビ中継することは、少なくとも、その当時の技術によれば、「デュー・プロセス」に対する本質的な侵害に相当する、との基本的な考えを支持した。ハーラン裁判官は、判決の結論の部分についてのみ、意見を同じくした。同裁判官は、法廷内のカメラが、「デュー・プロセスに関する被告人の権利」を、本来的に侵害することになった、とは理解しなかった。[25]また、裁判所は、その当時の技術水準によるならば、テレビは、本来的に、公判のプロセスを混乱させることになる、という事実を、とくに、重要視していたのである。[26]

また、「デュー・プロセスの剝奪についての主張を含む大多数の事件において、被告人に対する、確認することのできる権利侵害の事実の立証を裁判所が要求している」[27]旨を多数意見は認めた。エステス事件においては、権利侵害についての実際の証明はなかった。それにもかかわらず、裁判所は、「州によって用いられる訴訟手続は、ときどき、本来的にデュー・プロセスを欠くとみられるような権利の侵害を、結果としてもたらす可能性を含んでいた[28]」との見方をしている。刑事裁判を放送することは、まさに、そのような手続なのである、と裁判所は判示したわけである。[29]

(23)　381 U.S. 532 (1965).
(24)　381 U.S. at 536.
(25)　381 U.S. at 544（ハーラン裁判官の賛成意見（「事実審理の公正に関する、法廷内のテレビのもたらす予想される影響は、かかわり合う事件の特有のタイプによって異なる。」）
(26)　381 U.S. at 544（「現時点の状態においての、また、まさに、その性質によって、テレビは、被告人に権利の侵害をもたらすかもしれない、さまざまな領域におよんでゆくことになる。」）381 U.S. at 551-52（「公開の情報に関して永続的に進歩してゆく技術、ならびに、一般の人々をその存在と調和させるようにすることは、刑事裁判の公正の点にかかわる、テレビ中継の影響において、一つの変化をもたらすようになるかもしれない。しかし、われわれは、ここでは、エレクトロニクスの分野での将来の発展については取り扱わないことにする。」）
(27)　381 U.S. at 542.

(28)　381 U.S. at 542-43.
(29)　381 U.S. at 544.

一九八一年に、裁判所は、その問題と、もう一度、取り組むことになる。このときは、裁判をテレビ中継するについてのフロリダ州のガイドラインが用いられた事件が取り上げられた。最高裁判所は、フロリダ州のチャンドラー事件[30]において、公判がテレビによって中継された事実があるにもかかわらず、不法目的による「侵入の罪」の有罪判決を維持することにした。そうしながらも、裁判所は、エステス事件を破棄するものではない旨を明らかにしている[31]。その代りに、裁判所は、エステス事件でのハーラン裁判官の賛成意見を信頼することにし、テレビによる放送によって、公判が、実際に危険にさらされる場合にのみ、法定内のカメラは「デュー・プロセス」を侵害することになったと考えられる、という説明を行った[32]。エステス事件では、「裁判の公正」は、テレビによる放送によって危険にさらされることになった、とチャンドラー事件の裁判所は評した[33]。これとは対照的に、チャンドラー事件の被告人は、法廷における「カメラの存在」が、「公正な裁判を受けるかれの権利」を現実に侵害した事実を証明することができなかったのである[34]。

(30)　449 U.S. 560 (1981).

(31)　449 U.S. at 573 (「エステス事件は、すべての事件において、また、あらゆる状況において、スチール写真やラジオおよびテレビの放送を禁止する憲法上のルールを公表するものである、と解釈してはならない。」)
(32)　449 U.S. at 581-82. また、See supra note 25.
(33)　449 U.S. at 582 ; see supra note 24.
(34)　449 U.S. at 577-82.

チャンドラー事件での有罪の判決を支持するにあたり、最高裁判所は、州の刑事裁判を放送することに関する「州の権利の状況」を受け入れることにした。[35] テレビ放送は憲法上禁止されている、との考えをとらなかった[36]一方において、裁判所は、また、テレビ放送は、憲法上ゆだねられている、という考えもとらなかった。[37] フロリダ州のガイドラインを、支持したり、または、無効にしたりなどしないで、[38] 裁判所は、ただ単に、この分野での州独自の裁判所のルールを試してみたり、あるいは、発展させたりなどするについて、州は自由でなければならない、ということを定めただけにすぎなかった。[39] このような立場をとるにあたり、裁判所は、問題のすべてを州に託すことにした。かくして、法廷内で放送を担当する者によってもたらされる心理的ならびに身体的な妨害を、「デュー・プロセスの侵害」と裁判所が考えるときの「ガイダンス」を州から取り上げることになるわけである。[40] しかし、テレビ中継された裁判を含まない、その他の最高裁判所の判決の検討の場合には、法廷内のカメラについての論争とも関係する「相争う憲法上の利益」をもたらさなければならない、妥当と考えられる重要性を、明らかにすることになる。

(35)　See 449 U. S. at 578（「エレクトロニクスによるニュース・メディアを法廷内に存在させるか否かにかかわる、州の裁判所による検討や再検討は、われわれの連邦制の下で、州に対して保留された権限の行使である。」）（二において、アミカス・キュリィ〔法廷助言者〕としての首席裁判官会議の訴訟事件摘要書を引用する）。

「チャンドラー事件の判決」と「連邦制の原理への依存」についての検討に対しては、See Comment, From Estes to Chandler : Shifting the Constitutional Burden of Courtroom Cameras to the States, 9 Fla. St. U. L. Rev. 315 (1981). 筆者によれば、チャンドラー事件の裁判所は、「公正な裁判を受ける被告人の権利」を認めるが、しかし、「この『公正な裁判を受ける被告人の権利』よりは、『実験的な試みについての州の権利』のほうに、かなりの重要性を置くようにしている。」）*Id.* at 328（引用は省略)。「犯罪者には、かなり多くの憲法上の保護を与えるようにしながら、被害者や社会一般には、極めて少ない保護しか行わない『危険な不均衡』を正すための一つの手段と同じように、刑事訴訟手続を連邦政府の支配下に置かないようにする、バーガー・コートによって確立されたパターンと一致させながら」、筆者は、チャンドラー事件で具体的に示された「州の権利に対する勝利」を説明するのみである。*Id.* at 335 (Burger, Annual Report to the American Bar Association by the Chief Justice of the United States, 67 A. B. A. J. 290, 291 (1981).

(36) 449 U. S. at 570-74.
(37) 裁判所は、放送メディアに対し、連邦憲法修正第一条による「法廷へのアクセス権」を与えなかった。449 U. S. at 569-70. チャンドラー事件のこの側面については、判例法は、忠実に守られてきている。放送を行う者は、「憲法による刑事裁判へのアクセス権」を持っていない。
(38) 449 U. S. at 582.
(39) 449 U. S. at 582-83.
(40) See Comment, supra note 35, at 333. チャンドラー事件を検討しているときに、筆者は、「連邦憲法修正第一条の『言論および出版の自由の保障』と同法第六条の『公正な裁判の保障』との間に存在する、憲法上離れた状態を解消するための、新しいガイドラインは提案されていない」と述べている。*Id*, また、See Note, An Assessment of the Use of Cameras in State and Federal Courts, 18 Ga. L. Rev. 389, 400 (1984)(「チャンドラー事件の判決での重大な欠点は、刑事裁判におけるカメラの存在によってデュー・プロセスが脅かされる場合の決定に対する、明瞭な憲法上のガイドラインの公式化を妨げたことであった。」)

法廷におけるカメラについての論争で問題となる憲法上の条項の一つは、もちろん、連邦憲法修正第一条である。要するに、当面の問題と関係のある事柄は、連邦憲法修正第一条が、放送を行う者に、刑事裁判をテレビで中継することによって一般の人々に「情報を提供する権利」を、保障するかどうか、ということになる。その当時までの判例法が示すように、この問題に対する答は、はっきり言って「ノー」である。ところが、バージニア州のリッチモンド新聞社事件(41)をみれば、この答は、いくぶんかは、驚くように思われるかもしれない。リッチモンド新聞社事件において、裁判所は、連邦憲法修正第一条は、「一般の人々」と「プリント・メディア」に「州の刑事裁判へのアクセス権」を与えている、と判示した。ホワイトとスチーブンスの両裁判官が加わった相対多数意見におけるバーガー首席裁判官と賛成意見におけるスチュワート裁判官は、「刑事裁判に対する憲法上のアクセス権」は、「一般の人々」と「報道機関」の両者に割り当てられることになる、と結論づけた(42)。判決に賛成するブレナンとマーシャルの両裁判官は、「連邦憲法修正第一条によって与えられるアクセス権」は、「一般の人々」に属している、と述べた(43)。

グローブ新聞社対上位裁判所事件(44)において、裁判所は、リッチモンド新聞社事件を論じた。「リッチモンド新聞社事件における、われわれの最近の判決は、『報道機関』と『一般の人々』が、『刑事裁判に対する憲法上のアクセス権』を有することを、はじめて、しっかりと、確立したのである。その事件では、裁判所の見解はみられなかったけれども、七人の裁判官は、この『アクセス権』が、連邦憲法修正第一条の中に組み入れられていて、しかも、同法第一四条を通して、州に適用されるものであることを認めた(45)。」

連邦憲法修正第一条が、広く知れ渡った公開の裁判の背景に逆って可決された事実に、とくに、言及しながら、裁判所は、一般の人々とプリント・メディアを受け入れることの利益を、はっきりした言い方でもって述べている。すなわち、その「利益」とは、公開の裁判は、公正に行える見込みが、比較的多いこと、また、関係者が、誠実になりがちな傾向が、一層多くみられること、さらに、地域社会の不法な行為と事柄は、「報復的な自己救済」とはまったく離れて伝えられてゆくようになりがちであること、である。(46)

(41)　448 U.S. 555 (1980).
(42)　448 U.S. at 576-77, 599.
(43)　448 U.S. at 585.
(44)　Globe Newspaper Co. v. Superior Court, 457 U.S. 596 (1982).
(45)　457 U.S. at 603（引用は省略）。Cf. Miami Herald Pub. Co. v. Morphonios, 467 So. 2d 1026, 1029 (Fla. Dist. Ct. App. 1985)（「刑事事件の公判に出席する権利とは区別されたものとしての、正式の事実審理の前の審問に出席する一般の人々の権利と報道機関の権利についての連邦憲法修正第一条による保護はない。」）（引用は省略）。
(46)　448 U.S. at 571（引用は省略）。

法廷の関係において、エレクトロニクス・メディアを、プリント・メディアと別個に取り扱うことに対する理由を、最高裁判所は、はっきり述べられないままでいた。しかしながら、裁判所は、「放送メディアについての規制を支持するように勧めてきたメディア」と「プリント・メディアの憲法違反的な似たような規制を取り除くようにするメディア」との間の違いを、繰り返し、指摘してきた(47)。この分野での裁判所の判断は、テレビに関しては、連邦憲法修正第一条による保護を与えることに関しては、歴史的にみると、気乗りのしない姿勢を示してきていることが著しかった。とは言っても、これらの違いのいずれも、とくに、法廷へのアクセスと関連づけられていたわけではないのである。

(47)　Fcc v. Pacifica Found., 438 U. S. 726, 748 (1978)（「コミュニケーションの形式の、すべての点からみれば、それは、連邦憲法修正第一条による、最も制限された保護を受けていた放送の方法といえる。」）Columbia Broadcasting Sys., Inc. v. FCC, 453 U. S. 367 (1981)（政治上の立候補者のための、テレビの時間についての、法律により定められた「アクセス権」を擁護すること）とRed Lion Broadcasting Co. v. FCC, 395 U. S. 367 (1969)（連邦通信委員会〔FCC：Federal Communications Commission〕によって、放送を行う者に適用された、「公正原則」を擁護すること）とNational Broadcasting Co. v. United State, 319 U. S. 190 (1943)（コミュニケーション法によって開始された、「放送の規制制度」に賛成すること）をMiami Herald Publishing Co. v. Tornillo, 418 U. S. 241, 256 (1974)（プリント・メディアに適用されたように、「公正原則」が、憲法違反であることを判示すること）と比較されたい。

法廷との関係では、「放送」と「プリント・メディア」を別個に扱う理由づけが、はっきりしないでいる。その一方において、放送を行う者に対し、チャンドラー事件の裁判所の場合は、連邦憲法修正第一条にもとづくアクセス権を認めるための準備はできていなかったのではないかの点の疑いは、ほとんど、残されていなかった、といえる。チャンドラー事件においては、裁判所は、「写真を撮影する者、または、放送メディアの側には、裁判所の訴訟手続をテレビで中継したり、あるいは、電子的に記録して、その後に広める、連邦憲法上のアクセス権」が存在する、という主張を、明白に拒否した、フロリダ州の最高裁判所の判示と直面することになった。(48) この判示は、リッチモンド新聞社事件の判決を放送メディアに広げるための「文句のない機会」を裁判所に与えた。けれども、裁判所は、チャンドラー事件におけるテレビ放送が、憲法によって、命ぜられていても、いなくても、「デュー・プロセスに対する被告人の権利」を侵害していなかった、との判断を示すことによって、問題を、巧みに、かわしたのである。(49) 連邦制度におけるテレビの禁止に対する、その度量と結びつけられた、リッチモンド新聞社事件に拡大してゆく機会を捕えることについての、「裁判所の気の進まなさ」は、放送を行う者の側に「憲法上のアクセス権」をすえるのを、裁判所が欲していないことの「説得力のある証拠」となる、といえる。(50)

(48)　449 U. S. at 569 (1981).

(49)　449 U. S. at 569-70, 582.

(50)　しかし、Ares, Chandler v. Florida : Television, Criminal Trials, and Due Process, 1981 Sup. Ct. Rev. 157, 175-78を参照されたい。アレスは、テレビが「連邦憲法修正第一条のアクセス権」を有するかどうかの問題に、チャンドラー事件の裁判所が、直面していなかったこと、および、その問題に取り組まざるを得ないときに、「放送メディアのためのアクセス権」を含めるように、リッチモンド新聞社事件を広げなければならないこと、を論じている。「リッチモンド新聞社事件が、一般の人々と報道機関のために擁護する、同様のアクセス権を、テレビが与えられないことがあり得る、なんらかの理由があるようには思えない。」*Id.* at 177.

連邦憲法修正第一条の問題についての明確な判断を、最高裁判所が、避けるようにしてきたのに対して、連邦の下級審の裁判所は、連邦憲法修正第一条が、電子メディアに「裁判をテレビで中継する権利[51]」を、また、一般の人々に「裁判をテレビで見る権利」を、それぞれ、保障していないことを、終始一貫、判示してきたのである。なお、コスモス放送に関する州対ブラウン事件では、連邦憲法修正第一条にもとづく「テレビへの限られたアクセス権」があることを、ほのめかしている。「連邦憲法修正第一条の下において、法廷での訴訟手続への同等のアクセス、および、法廷での出来事を効果的に報道すること、などの概念は、少なくとも、このことを意味する。それとは反対に、考慮すべき最優先の事柄が、第一審の裁判所の認定の中で、はっきり述べられていなかったならば、電子によるニュース・メディアの代表者は、たとえ、それが、わずかな程度のもの（たとえば、カメラ一台）であっても、法廷内に、それらのものとともに、科学技術を持ち込むことを、許されるようにしなければならないのである。[52]」他方において、第三巡回裁判所は、つぎのように述べていた。「連邦憲法修正第一条の下での、『一般の人々の公判に出席する権利』と、同法第一条の下での、『一般の人々のテレビ中継された特定の裁判を見る権利』の間には、（中略）一つの劇的な、急激な変化がみられる。それは、歴史によっては支えられないほどの急激な変化といえる。それは、今のところ、われわれが受け入れの準備のできていない、急激な変化なのである。[53]」

裁判所は、また、時や場所、それに、方法などについての、適法な制限として、カメラの法廷へのアクセスの拒否を、支持してきた。[54]グレース事件[55]において、裁判所は、時や場所、それに、方法などについての制限の、一般的な性質を説明している。「その制限が、中身が片寄らないで、国の重大な利益に適うように、注意深く仕立て上げられており、その上、コミュニケーションの代りの伝達方法を、十分に、利用できる限りにおいては、国は、時や場所、それに、方法などについての、相応な規制を実施することができる。特別のタイプの表現についての、完全な禁止のような、追加された制限は、注目しないわけにはゆかないような国の利益を成就させるために、注意深く設けられるのであれば、そのような場合に限り支持が得られることになろう。[56]」

裁判所は、カメラの禁止は、ほかのメディアの情報源、または、個人の出席を通して一般の人々が裁判について知る権利、を妨害しないようにすること、および、そのような制限が、新聞とテレビの間で、不公平に区別している、という論拠を退けることを、強く主張している。[57]

(51)　See Nixon v. Warner Communications, Inc., 435 U.S. 589, 610 (1978)（「当面の証人の証言を、録音・録画したり、また、放送したりなどする、憲法上の権利はない。」）(Eates v. Texas, 381 U. S. 532, 539-42 (1965) を引用する)。United States v. Kerley, 753 F. 2d 617 (7th Cir. 1985)(傍論); United States v. Hastings, 695 F. 2d 1278 (11th Cir.), cert denied, 461 U. S. 931 (1983); Combined Communications Corp. v. Finesilver, 672 F. 2d 818 (10th Cir. 1982)。しかし、See State ex rel. Cosmos Broadcasting v. Brown, 14 Ohio App. 3d 376, 382-83, 471 N. E. 2d 874, 883 (1984)。一般的に、See Annot., 14 A. L. R. 4th 121, §§ 2a & 3 (1982)。

(52)　14 Ohio App. 3d at 382-83, 471 N. E. 2d at 883(1984).

(53)　Westmoreland v. Columbia Broadcasting Sys., 752 F. 2d 16, 23 (2d Cir. 1984), cert. denied, 105 S. Ct. 3478 (1985)。

(54)　See Richmond Newspapers, 448 U. S. at 578, 581 n. 18; 448 U. S. at 600（スチュワート裁判官の賛成意見）（「連邦憲法修正第一条の自由の行使について、議会は、まさに、時や場所、それに、方法などに関して、妥当な制限を課すことができるので、第一審の裁判官は、報道機関の代表者や一般の人々による、法廷の自由な利用について、妥当な制限を設けることができる。」）法廷からのカメラの締め出しを正当とするにあたり、このような理由づけを適用している事件には、Westmoreland v. Columbia Broadcasting Sys., 752 F. 2d 16, 24-25 (2d Cir. 1984)（ウィンター裁判官の賛成意見）, cert. denied, 105 S. Ct. 3478 (1985); United States v. Hastings, 695 F. 2d 1278, 1282 (11th Cir.), cert. denied, 461 U. S. 931 (1983) などがある。

(55)　United States v. Grace, 461 U. S. 171 (1983).

(56)　461 U. S. at 177（引用は省略）。また、See Kelso & Pawluc, Focus on Cameras in the Courtroom : The Florida Experience, The California Experiment, and the Pending Decision in Chandler v. Florida, 12 Pac. L. J. 1, 23 (1980)（「記者が公判に出席するのは許すけれども、テレビのカメラは禁止するというのは、アクセスの方法についての、許される規制に関しては、もっともらしい範囲内に収まるかもしれない。」）しかし、See Zimmerman, Overcoming Future Shock : Estes Revisited, or a Modest Proposal for the Constitutional Protection of the News-Gathering Process, 1980 Duke L. J. 641, 667-68. ツィマーマンは、つぎのように論じている。「カメラや録音・録画の装置についての禁止は、時や場所、それに、方法などについての単なる制限にすぎないわけではない。時や場所、それに、方法などについての制限は許される。なぜならば、それらは、メッセージの内容を規制しているわけではなく、どちらかと言うと、表現の方法を規制しているからである。（中略）写真または電子メディアによって伝えられる内容は、書面や口頭の説明では繰り返すことができないために、アクセスの制限は、ただちに、言論自体を制限することになる。」

Id.

(57) See Estes v. Texas, 381 U. S. 532, 539-40 (1965)（テレビやラジオのジャーナリストは、ともに、同様のアクセス権、すなわち、一般の人々と同じようなアクセス権を有する）。United States v. Hastings, 695 F. 2d 1278, 1283 (1983)（「アーチストによるスケッチに対比するものとして、メディアのアクセスの異なる方法、たとえば、当面の証人についてのテレビのスクリーンの上からもたらされるにすぎない信頼に対しては、われわれは、あらかじめ、追加の基準を確かめることはできない。」）(United States v. Columbia Broadcasting Sys. 497 F. 2d 102, 106 (5th Cir. 1974)より引用する)。Cf. KPNX Broadcasting v. Superior Court, 139 Ariz. 246, 252, 678 P. 2d 431, 437 (1984)（スケッチで報道するように制限する裁判所の命令は、報道を行う者のみを制限して、プリント・メディアには制限を設けないことで、平等保護条項に違反することになる、と申立人は主張する。裁判所のスケッチによることの命令を、連邦憲法修正第一条によって保護された言論についての、憲法違反にあたる、事前の制限であって、しかも、平等の保護についての理由にはなっていないもの、と理解するのである）。しかし、See Ares, supra note 50, at 157, 177（憲法上、テレビは、プリント・メディアとは異なる取り扱いを受けることができないこと、また、カメラは、法廷にアクセスしなければならないこと、などを主張している）。

州の刑事裁判との関係において、放送を行う者に対し、連邦憲法修正第一条の「アクセス権」を見つけ出すことに、連邦裁判所が「気が進まない」のは、連邦の裁判の実施における、そのような判示の必然的な結果によって説明できるのは当然といえる。確かに、もしも、連邦憲法修正第一条が、州の刑事裁判に対するアクセス権を保障するならば、それは、同じように、連邦の刑事裁判に対するアクセス権を保障することになる。しかしながら、そのような結果は、連邦の裁判をテレビ中継することを、禁止したり、制限したり、または、制限したり、などする一連の公正で厳格なルールを混乱させることになってしまう。連邦刑事訴訟規則の第五三条は、連邦のすべての刑事裁判について、テレビを禁止している。「裁判手続の進行中に、法廷内で写真を撮ること、または、裁判手続を法廷からラジオで放送することは、裁判所によって許可されることはない。」[58] 自らの裁判がテレビ中継されることを、被告人が求めたときでも、この規則は、守られてきた。そのために、テレビのアクセスは、拒否せられた。[59] へーステイング事件の裁判所は、リッチモンド新聞社事件の最高裁判所によって支持された、連邦憲法修正第一条による「刑事裁判へのアクセス権」が、オーディオとビデオの設備を有する裁判におよぶ権利を含んでいないこと、および、連邦の裁判手続のビジュアルとオーラルによる放送についての禁止が、連邦憲法修正第一条には違反しないことを定めた。裁判所は、連邦の裁判所について、カメラを禁止する、連邦刑事訴訟規則の第五三条を支持した。[60]

なお、その上に、規則の第五三条によっては含めることのできなかった、すべての事件についての法廷内の写真撮影やテレビ中継の基準となっている、裁判所の綱領の3A(7)は、極めて限られた「一連の状況」の下においてのみ、テレビ中継された裁判を認めるようにしている。リンドバーグの幼児を誘拐して殺害したことで有罪判決を言い渡されたブルーノ・ハウプトマンの裁判において、メディアによって引き起こされた「崩壊状態」と「センセーショナリズム」に答えて、アメリカ法律家協会の代議員会は、一九三七年九月三〇日に、綱領の35を、可決・成立させた。[61] 綱領の35は、当初は、つぎのように、定められた。[62]

綱領35（一九三七年）

「裁判所における訴訟手続は、荘重さと礼儀正しさをもって行われなければならない。裁判所の開廷中または開廷の際の休憩中、法廷内において、写真の撮影をしたり、あるいは、訴訟手続の模様を放送したりなどすることは、訴訟手続の本質的な尊厳を減じ、裁判所の品位を落とし、さらには、一般の人々の気持ちの中に誤解を生じさせることになるものと考えられる。そのために、許されるべきではないのである。」

一九五二年に、綱領は、その上、テレビを禁止するために、改正されることになった。[63] アメリカ法律家協会は、裁判所の訴訟手続の間、テレビ・カメラの使用を禁止する旨の言葉を挿入することによって、また、証言を行うにあたり、放送が、証人の気持ちを散らすことになる旨の言葉をつけ加えることによって、綱領の35を改めることにした。さらに、第三番目の文言は、一定の儀式についての手続を、テレビで中継したり、あるいは、ラジオで放送したりなどすることを定める旨を、加えることにしたのである。[64] アメリカ法律家協会の一九七九年の中頃の会合において、代議員会は、法廷内での写真撮影やラジオ放送を許すことに対する、刑事裁判についての、協会の基準に関する、その常任委員会の提案に対しては、一致団結して、反対の票を投じた。(65) アメリカ法律家協会の一九七九年の活動は、同協会の「裁判官の行動に関する準則規程」の「綱領の3A(7)」でもって、「綱領の35」との「一九七二年における取替え」を、再度、承認することであった。綱領の3A(7)は、一九八二年の八月まで有効であった。可決・成立したところによれば、「綱領の3A(7)」は、つぎのように、規定されている。(66)

綱領3A(7)(一九七二年に可決・成立・一九七九年に再度、承認)

「裁判所は、左の正当と認めることができる場合を除いては、開廷の間、または、開廷の際の休憩中、法廷ならびに、それに、直接、隣接する場所においての、ラジオやテレビによる放送、あるいは、その録音・録画や写真の撮影を禁止しなければならない。

(a) 証拠の提出や記録の永久保存や裁判の運営の他の目的などのために、エレクロニクスまたは写真の撮影の方法を用いること。

(b) 叙任や式典や帰化などの手続についての、ラジオやテレビによる放送、あるいは、その録音・録画や写真の撮影。

(c) つぎのような条件の下での、裁判所の適切な手続についての、写真の撮影またはエレクトロニクスによる記録と再生。

① 記録の方法は、関係者を動揺させるたぐいのものであってはならない。また、訴訟手続の荘重さを害しないようにすることを要する。

② 当事者の同意が得られること。叙述や記録にかかわる同意は、記録や再生の際に同席する、それぞれの証人から得るようにすること。

③ 手続が終了し、さらに、直接の上訴の方法のすべてを使い尽くしてしまうまでは、再生を提出することはできない。

④ 学校における教育の目的がある場合にのみ再生を行うことができる。

解説：裁判所における訴訟手続の、節度のある実施は、裁判の公正な運営にとっては、欠くべからざるもの、といえる。訴訟手続の記録や再生は、その訴訟手続を、ゆがめたり、あるいは、劇化させたりなどしてはならないのである。」

綱領3A(7)の一九八二年の改正においては、つぎのように、規定されている。(67)

綱領3A(7)（一九八二年に改正）

「監督の立場にある上訴裁判所、または、その他の相応の官庁によって定められた規則による場合を除いて、裁判官は、開廷中、または、開廷の際の休憩中、法廷ならびに、それに、直接、隣接する場所においての、ラジオやテレビによる放送、あるいは、その録音・録画や写真の撮影を禁止しなければならない。ただし、裁判官は、公正な裁判に対する当事者の権利と一致させながら、ひどく目立つことはなく、また、裁判の関係者を悩ませることもなく、さらに、裁判の運営を妨害することもないような方法でもって、その種の報道を許す条件や制限やガイドラインなどを示すようにするならば、法廷における裁判手続、ならびに、それに、直接、隣接する場所においての、ラジオやテレビによる放送、あるいは、その録音・録画や写真の撮影などを行うことを正式に許可することができる。」

法廷内の訴訟手続についての、メディアのアクセスを容易にするために、綱領の3A(7)と規則の第五三条の改正を提案する、ラジオやテレビや新聞、それに、その他の、関連するメディアの二八の団体からの申立てを、司法会議は、一九八四年に、拒否した。(68) 連邦裁判所に対する、テレビによるアクセスを許すにあたり、このような「気の進まなさ」を見せていたために、最高裁判所が、連邦憲法修正第一条にもとづく、裁判所における訴訟手続についての「アクセス権」を、放送を行う者が有する、と判示するであろうか、は疑わしかった。少なくとも、その当時の裁判所のメンバーの一人であるバーガー首席裁判官は、法廷内のカメラを認めることには反対である旨を、強い口調で述べていた。(69)

(58)　Fed. R. Crim. P. 53.

(59)　See United States v. Hastings, 695 F. 2d 1278 (11th Cir.), cert. denied, 461 U. S. 931 (1983).

(60)　また、See United States v. Kerley, 753 F. 2d 617 (7th Cir. 1985)（裁判所内での訴訟手続を、ビデオテープにとることに関しての、被告人の申立てを、裁判所は認めなかった）。Combined Communications Corp. v. Finesilver, 672 F. 2d 818 (10th Cir. 1982)（裁判所内での交渉をテレビ中継することについての許可を連邦裁判所の裁判官に求める、職務執行令状に対する申立てを拒否している）。

(61)　See State v. Hauptmann, 115 N. J. L. 412, 180 A. 809, cert. denied, 296 U. S. 649 (1935).

(62)　Canons of Judicial Ethics Canon 35 (1937), published in 62 A. B. A. Rep. 1134-35 (1937) (repealed and replaced in 1979). 綱領の35の歴史的な発展についての、すぐれた検討に関しては、See Note, supra note 40.

(63)　See Estes v. Texas, 381 U. S. 532, 598 app. (1965)（ハーラン裁判官の賛成意見）。

(64)　Note, supra note 40, at 390 n. 6.

(65)　*Id*, at 391 n. 8 ; See House Pulls the Plug on Cameras in Court, 65 A. B. A. J. 333 (1979).

(66)　Code of Judicial Conduct Canon 3A (7) (1972), reprinted in RTNDA, supra note 3, at A-1 to A-2.

(67)　Code of Judicial Conduct Canon 3A (7) (1984).

(68)　See Judicial Conference Ad Hoc Comittee on Cameras in the Courtroom, Report to the Chief Justice of the United States and Members of the Judicial Conference of the United States (1984)（会議が、申立てを拒否することを、勧めている）〔以下においては、Jud. Conf. Rep. とし

て引用する」。

(69)　See A Closed Mind, Natl. L. J., Nov. 26, 1984, at 12.

刑事裁判を、写真に撮ったり、また、テレビで中継したりなどする権利を論ずるに際しては、放送する者は、もっぱら連邦憲法修正第一条のみを当てにしてきたわけではなかった。なお、その上に、かれらは、法廷における訴訟手続の「テレビによる放送」を許可させるための、独自の正当化事由として、連邦憲法修正第六条にもとづく、「公開の裁判の権利」の付与を指摘してきた。連邦憲法修正第六条は、「すべての刑事上の訴追において、被告人は、（中略）公平な陪審によって、（中略）迅速な公開の裁判を（中略）受ける権利を有する」[70]と規定する。ところが、このような論法は、連邦憲法修正第六条の「公開の裁判の権利」が、「一般の人々」よりは、むしろ、「被告人」のものである、との理由によって、受け入れられてはきていなかった[71]。ニクソン対ワーナー・コミュニケーション社事件[72]において、最高裁判所は、「公開の裁判」についての保障が、「一般の人々」や「報道機関」に、公判に出席して見たものを伝える「機会」を確実なものにすることになる、と示唆したのである[73]。しかしながら、裁判所は、法廷へのこの制限された「アクセス」が、被告人が、正式の審理を受けないで、「秘密のうちにひどく苦しめられた事実」を確かなものにするために、もくろまれたものであることを、はっきりさせた。[74]公判に出席する「一般の人々」や「報道機関」の「機会」は、このような危険の状態を、十分に、避けることができるもの、と考えられた。もっとも、これ以上のことに関しては、連邦憲法修正第六条は、裁判、または、それのなんらかの部分が、「一般の人々」に対して、生《なま》、あるいは、テープで放送されることを、要求してはいなかったのである。[75]

(70)　U.S. Const. amend. VI.

(71)　See Gannett Co. v. DePasquale, 443 U.S. 368, 379-81 (1979).（「被告人の利益のために生み出したものとして、われわれの事件は、『公開の裁判の同一の保障』を認めてきた。」）Nixon v. Warner Communications, Inc., 435 U.S. 589, 610 (1978)（「公開の裁判の保障は、（中略）報道機関には特別の利益を与えない。」）Eates v. Texas, 381 U.S. 532, 588 (1965)（ハーラン裁判官の賛成意見）（「公開の裁判の権利は、一般の人々のものではなく、被告人のものである。また、裁判が行われることによって、制度上のプロセスの中に、本来的に、備わることになる。」）United States v. Kerley, 753 F. 2d 617, 620 (7th Cir. 1985); United States v. Hastings, 695 F. 2d 1278, 1284 (11th Cir.) cert. denied, 416 U.S. 931 (1983); Geise v. United States, 265 F. 2d 659, 660 (9th Cir. 1959); Tribune Review Pub. Co. v. Thomas. 153 F. Supp. 486 (D.C. Pa. 1957), affd., 254 F. 2d 883 (3d Cir. 1958); Fla. Report, supra note 6, at 774. また、See Douglas, The Public Trial and the Free Press, 33 Rocky Mtn. L. Rev. 1, 5 (1960)（「公開の裁判は、自由を愛する人々が、秘密の、

裁判や訴訟手続に対してもつ、嫌悪感のためにある。それは、われわれの裁判所が、一般の人々に公開されていることが、その理由であって、立案者が、一般の人々に、レクリエーション、または、政治の面での指示を与えることを、望んでいたためではない、のである。」)（注は省略)。Note, supra note 40, at 397. しかし、See Annot., 49A. L. R. 3d 1007 §3 (1973).

(72) Nixon v. Warner Communications, Inc., 435 U. S. 589 (1978).

(73) *Id.* at 610.

(74) *Id.*

(75) *Id.*

しかも、連邦憲法修正第六条にもとづく「公開の裁判」の容認は、もともとは、「刑事被告人」が、公正に取り扱われて、不当に有罪の判決を受けることがないことについての保証なのである。[76] この点で、修正条項は、連邦憲法修正第一四条の「デュー・プロセス」の条項と、大部分は、ぴったり符合する。

「メディアの無作法な行動」に起因するデュー・プロセス違反の「一つの良い例」として、一九六六年のシェパード対マクスウェル事件[77]をみてみることにしよう。このマクスウェル事件において、メディアによって引き起された「カーニバルのふんい気」は、被告人が、「公正な裁判」を受けることをできなくさせてしまった、のである。公判の間、裁判所の庁舎内に、ひろくおよんでいた「大騒ぎ」、それに、報道記者は、ほとんど、法廷のすべてのところで、その勢いを得ていた。しかも、裁判の関係者の大部分の人々、とくに、マクスウェルを、「絶えず、悩ませていた」というのが、事実関係である、といってよい。陪審員と弁護人のテーブルから数フィート以内にある「仮りのテーブル」においては、約二〇人ばかりの記者が座っていて、マクスウェルをじっと見詰めていたり、また、ノートをとっていたりなどしていた。法廷内の記者のための「報道機関用のテーブル」の設置は、それまでにはない、新しいものである。「裁判所の仕切り」は、弁護人のために確保されていて、書類や証拠物を入れておいたり、また、訴訟の依頼人や共同の弁護人と、内々に協議するための、安全な場所を、かれらに与えることになった。それは、証人や陪審員を、「気を散らすこと」や「邪魔をすること」や「影響を与えること」などから守るようにすること、および、一般の人々や陪審に対する事柄から離れて、裁判官の決定に関しての「裁判官席での討議」を認めるようにすること、などを予定していた。法廷内で使用することのできる席の、ほとんどすべてを、ニュース・メディアのために割り当ててしまった結果、裁判官は、こうした環境を監督する能力を失ってしまったのである。法廷の、うちとそとにおける、記者の行動は、たびたびの「混乱」と「裁判の中断」をもたらした。さらに、「仕切りの内部」での「絶え間のない激しい動きの状態」を、記録は、明らかにしている。しかも、その上、裁判官は、裁判所の庁舎内の廊下に集まった報道記者の群れに「無条件の自由」を与えるままにしていた。陪審を含め、公判の関係者は、記者と写真を撮る者が、法廷に、入ったり、また、出たりする、たびごとに、かれらの「多方面からの攻撃」を受けなければならなかった[78]。

同じような、「サーカスのふんい気」は、テキサス州のエステス事件[79]においても、幅をきかせていたのである[80]。

ところで、連邦憲法修正第六条と同第一四条の双方の規定は、不公正な裁判手続から被告人を保護する働きを有する[81]。テキサス州のエステス事件において、確かに、裁判所は、被告人のエステスにかかわる刑事裁判をテレビ中継することは、憲法から見て、許すことはできないという、その結論に達するにあたり、二つの規定を、ほとんど、交換できるぐらいに述べていたのである[82]。

(76)　Estes v. Texas, 381 U.S. 532, 538-39 (1965).
(77)　See Sheppard v. Maxwell, 384 U.S. 333 (1966).
(78)　384 U.S. at 355.
(79)　Estes v. Texas, 381 U.S. 532 (1965).
(80)　See supra note 24.
(81)　Estes v. Texas, 381 U.S. 532, 539-40 (1965)（デュー・プロセスの条項と連邦憲法修正第六条

の両者は、「公正な裁判を保障する手続を要求する」)。

(82)　381 U.S. at 538-44.

要点をまとめれば、法廷という領域内のカメラについての最高裁判所の判決は、以下のような憲法上の原則を確立することになる。まず第一に、放送を行うものは、刑事裁判をテレビ中継するにあたり、連邦憲法修正第一条または同第六条にもとづく権利を有しない(83)。第二に、州は、被告人の「デュー・プロセスの権利」および連邦憲法修正第六条にもとづく「公正な裁判を受ける権利」を保護する措置をとるならば、そのような場合に限って、法廷内のカメラを認めることができる(84)。それは、州の裁判所の法廷内でのカメラの使用の基準となるガイドラインを自由に作成する、これらの憲法上の原則の制約の範囲内においてのみ、ということになる。「メディアの利益」よりも、「被告人のそれ」に、より大きな重要性を、裁判所が置いているということは、特別のガイドラインの規定にかかわる、すべての決定に対しての、一つの背景として役立たなければならないのである。テレビによる放送によって推し進められることになった連邦憲法修正第一条の価値があるとしても、州のガイドラインは、被告人の憲法上の権利に役立つための努力において、このような権利を、決して、おびやかしてはならない、といわれる。

(83)　See supra notes 41-75.
(84)　See supra notes 23-40 and 76-82.

第三節　相容れない利益

一　概　説

刑事裁判に対する「テレビによるアクセス」を規制するにあたり、州が行わなければならない範囲内の憲法上の制約をみてきた。ところで、これらの制約の範囲内では、州は、法廷内でカメラが利用される(または、利用されない)方法を規制するに際し、かなりの自由裁量を有している。そこで、州の刑事裁判制度における、「カメラの使用のためのガイドライン」を公表するにあたり、州が考慮に入れなければならない「政策上の利益」を確認することが必要となってくる。

二　テレビ中継される裁判を制限する根拠

1　「悪影響を受けなかった裁判」についての保証

裁判をテレビ中継することと関連した身体的ならびに心理的な動揺は、被告人の「連邦憲法修正第六条の権利」と「デュー・プロセスの権利」を侵害するほど、やっかいなものである、と考えられてきた。[85] しかしながら、放送を行う者に最小の制限を課している、「フロリダ州のガイドライン」に従ってテレビ中継することは、フロリダ州のチャンドラー事件において、デュー・プロセスの違反にはならないことが承認された。[86] フロリダ州の報告[87]の中で採用された「フロリダ州のガイドライン」は、多くの点で、他の州のそれよりは、制限が少なくなっている。たとえば、アラバマ州、アラスカ州、アーカンソー州、ジョージア州、ミネソタ州、オクラホマ州、それに、テネシー州などの「ガイドライン」は、テレビ中継するための必要条件として、「被告人の同意」を要求している。[88] その上、さらに、一八の州は、「機密を扱う訴訟手続の一定のタイプの放送」を禁止する。[89]「フロリダ州のガイドライン」は、これらの制限のいずれをも含めてはいない。このようなことから、被告人に対しては、一層の保護に務めている、「フロリダ州以外の他の州のガイドライン」も、また、憲法に違反しないもの、と考えられるようになってゆくかもしれないのである。とは言っても、カメラによって引き起された身体的ならびに心理的な混乱は、それが、憲法違反になり得ないときでも、それにもかかわらず、好ましくないわけであって、重要な政策上の問題として、最小限に押えなければならないことになる。

(85) See supra notes 23-29 and 76-82.
(86) See supra notes 30-40.
(87) Fla. Report, supra note 6.
(88) RTNDA, supra note 3, at B-10.
(89) *Id*, at B-19 to B-25.

テレビの設備とそれに伴う行動は、裁判の関係者を、身体的に悩ませることができる。扱いにくい設備やケーブルや照明、それに、カメラ専門の技術者によってもたらされた動揺は、公判に害を与えることになった、とエステス事件の最高裁判所は述べた。[90] これに対して、チャンドラー事件の裁判所は、「進歩した科学技術」は、これらの気持ちの乱れを、大いに、少なくするようにした、と主張していた。[91]「科学技術」が、テレビの中継を、確かに、能率的にしてきた、と言っても、カメラが法廷内に置かれる限り、依然として、多少の混乱は、みられるかもしれない。

「ガイドライン」は、これらの動揺を、できるかぎり少なくするように働きかけることができる。身体の乱れを、できるかぎり少なくするための「州の制限の例」としては、つぎのようなものを含むことになる。「音または光の乱れを生じさせないようにする設備だけが、裁判所における訴訟手続を報道するために用いられる。（中略）裁判所における訴訟手続の間、モーター付きの駆動は、認められない。また、動く照明やフラッシュの付属品、それに、突然の照明の取替えも、認められないのである。[92]」

騒音を制限するように作られた「ガイドライン」を提供する州からの報告は、「身体的な混乱」を少なくすることに成功したルールである、と理解された。[93]

(90) Estes v. Texas, 381 U. S. 532, 536-38 (1965).

(91) Chandler v. Florida, 449 U. S. 560, 576 (1981).（「エステス事件でみられたマイナスの要素の多く、すなわち、扱いにくい設備、ケーブル、気を散らせる照明、それに、カメラ専門の多数の技術者などは、今日では、その当時の状態よりは、重要な要素とは言えなくなってきている。」）Cf. Note, Televised Trials : Constitutional Constraints, Practical Implications, and State Experimentation, 9 Loy. U. Chi. L. J. 910, 925 (1978).（「近ごろのテレビ・カメラは、照明を増やす必要はなく、また、音をたてないで操作できる。しかも、現在のところ、これらに関しては、気を散らせる原因となるものは、なにもない。」）（引用は省略）。

(92) Cal. Civ. & Crim. Ct. R. Code, Rule 980. 2(h) (2) (i) (West 1981).

(93) たとえば、See Ernest H. Short and Associates, Inc., Evaluation of California's Experiment with Extended Media Coverage of Courts 228-29 (1981)〔以下においては、Cal. Report として引用する〕。Fla. Report, supra note 6, at 768 ; Hawaii Report, supra note 2 ; G. Humphries, Louisiana Supreme Court Report on Pilot Project on the Presence of Cameras and Electronic Equipment in the Courtroom 2, 4 (1978)〔以下においては、La Report として引用する〕。

放送に伴う「心理的な混乱」は、楽に、測ることができたり、また、防げたり、するものではない。潜在的には、より多くの損害を与えることになる。[94] 裁判がテレビ中継されることを知るならば、「陪審の注意深さ」は、少なくなり、[95]「気の小さな証人」を、おびえさせ、[96] さらには、「裁判官」や「弁護士」を、いつもとは違ったようにふるまわせることになる、[97] と論じられている。エステス事件の賛成意見の中で、ウォーレン首席裁判官が述べていたように、放送することに対する「心理的な影響」は、微妙なものではあるが、「公正な裁判」の実施にとっては、重大な脅威となることがあり得る。[98]

(94) See Chandler v. Florida, 449 U. S. 560, 577 (1981). (「裁判についてのエレクトロニクスによる放送の固有の危険は、放送について被告人が実際に知ることや、慎重に考慮された放送が、関係者の行動や裁判の公正さにマイナスの影響を与えるかもしれないことである。とは言っても、行動または裁判の公正さが、どれぐらいの影響を受けたかの証拠は、残されていない。」) Estes v. Texas,

381 U. S. 532, 545-50 (1965)（陪審員や証人や裁判官、それに、被告人に与える影響について検討している)。Challahan v. Lash, 381 F. Supp. 827, 833 (N. D. Ind. 1974)（同意を得て、エステス事件を引用する)。State v. Green, 395 So. 2d 532 (Fla. 1981)（被告人に対するメディアの放送の心理的な影響について、証拠にもとづいた審問を要求する)。

(95) Estes v. Texas, 381 U. S. 532, 546 (1965).

(96) See Estes v. Texas, 381 U. S. 532, 547 (1965); Gaines and Stuplinski supra note 17, at 299（「法廷内に傍聴人がいるかもしれないという予測と、地方的または全国的にテレビのスクリーンの上に人の肖像や行動が現われるということ、の間には、たいへんな違いがある。」)。Note, Cameras in the Courtroom : A Sixth Amendment Analysis, 85 Colum. L. Rev. 1546 (1985)（証人の脅迫が、いかにして、被告人から公正な裁判を奪うことができるか、について論じている)。Jud. Conf. Rep., supra note 68.

(97) Estes v. Texas, 381 U. S. 532, 548 (1965). また、See 381 U. S. at 579（ウォーレン首席裁判官の賛成意見)。

(98) Estes v. Texas, 381 U. S. 532, 565, 578-80 (1965)（ウォーレン首席裁判官の賛成意見)。「心理的な混乱」が、「デュー・プロセス」の否定の一因になったと判断された、その他の有名な事件の例としては、前掲の注の七七の検討を参照されたい。

チャンドラー事件の裁判所は、カメラが、被告人や証人、それに、陪審員におよぼす「心理的な影響」についての「経験から得られた証拠」を欠いている旨を、正しく認識していた[99]。

また、法廷内のカメラについて、賛成する者も、反対する者も、ともに、それぞれの立場を支持する、「経験から得られた証拠」の不足を認めている。[100] カメラは、本来的に、裁判のプロセスに「過酷な負担」をかける、という点についての十分な証拠がないところから、裁判所は、この分野における「州の実験的な試み」を妨げるようにはしてこなかった。[101] 一様に、もっともらしく、しかも、比較的慎重な返答としては、影響についてのデータを、十分に、収集できるまでは、カメラによるアクセスを制限するか、それとも、カメラを認めないことさえある、ということになろう。「州の実験的な試み」のいずれも、エレクトロニクスによる放送が、首尾一貫して、「心理的な混乱」を引き起した事実を、明らかにできなかった、と特に言及することによって、裁判所は、自らの判断を擁護したのである。[102]

ところで、これらの報告の中で行われた調査は、一つには、カメラの存在が、陪審員を混乱させて、「公正な判断」をさせないようにしてしまった、と感じたかどうかについて、公判後に、かれらに尋ねてみることで成り立っていた。[103] この場合、公判後に、陪審員が、何らかの理由のために、事件について、「公正で合理的な判断」を行えなかった事実を認めるようなことは、考えられない状況にあった。

(99)　Chandler v. Florida, 449 U. S. 560, 576-80 (1981).

(100) たとえば、See Minn. Report, supra note 17 (「両者の立場を擁護するような、経験から得られた『信頼のおける証拠』が、ほとんど、見当たらない。」)
(101) See supra notes 35-39.
(102) Chandler v. Florida, 449 U. S. 560, 576 n. 11, 578-79 (1981).
(103) たとえば、See Fla. Report, supra note 6 ; Hawaii Report, supra note 2 ; The Advisory Committee to Obersee the Experimental Use of Cameras and Recording Equipment in Courtrooms, 1982 Report to the Supreme Judicial Court (以下においては、Mass. Report として引用する)。Report of the Supreme Court Committee to Monitor and Evaluate the Use of Audio and Visual Equipment in the Courtroom (1979) (以下においては、Wis. Report として引用する)。

特定の証人が、証言している間、法廷から傍聴人を締め出すのを、正当とするにあたり、「法廷内の混乱」が証人におよぼす心理的な影響は、裁判の公正な実施にとっては、容易ならない十分なおどしである、と考えられてきた。(104) 予想される報復から証人の安全を守り、(105) また、証人について、「困惑」や「感情的な不安」の起るのを防ぐために、(106) 裁判所は、一般の人々を締め出すようにしてきたのである。これらの決定は、証人が、「自らの情報」を完全に開示することを、「法廷内のふんい気」が禁止していないことを保証するために、ある程度、行われてきた「自由裁量」による正当な解決として、支持されていた。もしも、そのような関係が、時々、「一般の人々」や「プリント・メディア」を法廷から締め出すのを支持するのであれば、「テレビ・メディア」を、制限すること、あるいは、締め出すことさえも、確かに、正当とすることになる。そのような場合に、「マイナスの心理的な反応」が、完璧で信頼のおける証言を、抑制するかもしれない危険は、まさに、より以上に、大きくなってゆく。

(104)　See Kirstowsky v. Superior Court, 143 Cal. App. 2d 745, 300 P. 2d 163 (1956); State v. Palm Beach Newspapers, 395 So. 2d 544 (Fla. 1981)（証人への報復を懸念して「エレクトロニクス・メディア」を締め出す）。People v. Hagan, 24 N. Y. 2d 395, 248 N. E. 2d 588, 300 N. Y. S. 2d 835, cert. denied, 396 U. S. 886 (1969). また、See Annot., 39 A. L. R. 3d 852 (1971)（性犯罪の事件の場合の一般の人々の締め出し）。Annot., 48 A. L. R.2d 1436 (1956)（刑事裁判の間の一般の人々の締め出し）。

(105)　たとえば、See People v. Hagan, 24 N. Y. 2d 395, 248 N. E. 2d 588, 300 N. Y. S. 2d 835（マルコムXの殺人者といわれている者に、不利な証言をすることに対する報復についての「証人の心配」のために、傍聴人は、締め出された）、cert. denied, 396 U. S. 886 (1969). また、See United States ex rel. Smallwood v. La Valle, 377 F. Supp. 1148 (E. D. N. Y. 1974)（傍聴人は、一部分は、妊娠している証人とまだ生まれてこないその子供の幸せを守るために、また、一部分は、報復に対する個人的な恐れのために、締め出された）、affd. without published opinion, 508 F. 2d 837 (2d Cir. 1974), cert. denied, 421 U. S. 920 (1975).

(106)　たとえば、See State v. Smith, 123 Ariz. 243, 599 P. 2d 199 (1979)（強姦事件の被害者が証言

している間、傍聴人を締め出す)。State v. Santos, 413 A. 2d 58 (R. I. 1980)（証人が、強制猥褻についての細部に関して証言している間、傍聴人は締め出された)。しかし、See People v. Smith, 90 Mich. App. 20, 282 N. W. 2d 277 (1979)（犯罪を構成する性的な行為についての裁判において、もしも、メディアが、締め出しに反対したならば、被告人は、メディアを訴訟手続に出席させないようにすることはできなかった、と傍論は、仮定している)。

2　プライバシーの保護

刑事裁判についてのテレビ中継を制限する第二の正当化事由は、「被告人のプライバシーの利益」である。確かに、被告人は、法廷内で起る出来事について、絶対的ともいえるようなプライバシーの権利を有するわけではない。

コックス放送会社対コーン事件(107)において、最高裁判所が判示していたように、裁判所における訴訟手続は、「公の出来事」であって、公の記録についての情報は、それが、極めて、秘密を扱う性質のものであっても、放送することはさしつかえないのである(108)。このコックス事件において、放送を担当した者は、そのような公表を禁止しているジョージア州の法律に違反して、強姦事件の被害者の名前を公表してしまった。死亡した被害者の父親は、プライバシーの侵害を理由に、コックス放送会社に対し、金銭による損害賠償の訴えを起した(109)。連邦最高裁判所は、父親に有利な、ジョージア州の最高裁判所の判決を破棄して、関連の情報が、既に、公の記録に現われているときには、プライバシーの利益は失われる、と結論づけた。[110]

なお、学生の解説者の一人は、反対の見解を述べ、裁判所の訴訟手続は、実際には、「公の出来事」ではない、と主張していた。「判決の、最初の二つの理由によって示された結果を支持しながら、〔コックス事件の〕裁判所は、プライバシーの訴えに対しては、コモン・ローにより、『公の記録の抗弁』が認められるので、公の記録に関する情報には、もはや、プライバシーについての実質的な利益は存在しない、と論じた。裁判所は、それほど、はっきりさせていたわけではなかったけれども、『公の情報』を世間に広めたとしても、法律上認められたプライバシーの利益が侵害されることはないとはいえ、その重要性を無視して、そのような情報をプリントすることに対して報道機関に制裁を課すのは憲法違反になる、という論法のように思える。もっとも、このような論法は、誤った前提にもとづいている。『公の開示訴訟』は、開示された事実が、まだ世間に広く知れわたっていない場合に限られることは言うまでもないとしても、その事実が、かなりの数の人々に知られることになる、という意味では、公の記録に関する事実のすべては、公の事実になる、と示唆するのは、率直であるとはいいえない。公の記録の中でも、わずかばかり知られるようになった事実を公開するのは、個人のプライバシーに、かなりの影響を与えることになるかもしれないのである。」[111]

しかしながら、コックス事件において、裁判所は、法定内の保護の必要の中には、「プライバシーの利益」が入るかもしれないことを、認めた。そのような利益を保護するための「一つの有効な方法」は、「公の文書の利用」、または、「個人の情報についての異なる呈示」をさせないことである、と言い続けてきた。[112]また、多くの州の裁判所ならびに連邦の裁判所は、証人を、無用なプレッシャーや困惑から守ったり、あるいは、法廷内の秩序を維持したりなどするために、一般の人々や記者団に対して、まさに、裁判の全部（または、その一部）を傍聴できないようにしてきたわけである。[113]この「プライバシーの利益」を、いくらかの州では、法廷内の討議における「カメラの現実の事柄」として認めている。カメラを許すかどうか、を決定するにあたり、裁判の関係者の「プライバシーの利益」が重要な要素になることを、たとえば、アリゾナ州では、はっきり認めるのである。[114]極めて影響を受けやすい特定の裁判の場合には、テレビによる中継の行われないことが勧められる。ところが、法廷内のカメラについてのコロンビア特別区の法律家の報告書は、そのようなときには、「当事者のプライバシーの権利」は、電子メディアによるアクセスにおける「一般の人々の利益」よりは、まさることになる、と論じている。[115]このようなわけで、裁判所ならびに解説者は、「プライバシーの侵害」が、一定の証拠についての放送を禁止するにあたり、どうしても注目しないわけにはゆかない理由になることを、理解してきた。

(107) Cox Broadcasting Corp. v. Cohn, 420 U. S. 469 (1975).

(108) 420 U. S. at 492-97.

(109) 420 U. S. at 471-75.

(110) 420 U. S. at 494-95. また、See Oklahoma Publishing Co. v. District Court, 430 U. S. 308, 310 (1977)（裁判所による〔匿名〕の意見）（裁判所の訴訟手続において得られた、多方面にわたって広められる情報を、間違いのないように伝えるために、報道機関が、一般の人々に公開することを、州は、認めない）。Craig v. Harney, 331 U. S. 367, 374 (1947)（「裁判は、公の出来事である。裁判所の庁舎内で起るものは、共有の財産である。（中略）起ったことを、見たり、または、聞いたりする人々は、それを、罰せられないで、伝えることができる。」）Fla. Report, supra note 6, at 779（裁判所における訴訟手続の場合には、「プライバシーの権利」はない。それは、「公の出来事」である）。State ex rel. New Mexico Press Assn. v. Kaufman, 98 N. M. 261, 266-67, 648 P. 2d 300, 305-06 (1982)（陪審員の名前が、公開の法廷において告げられ、公の記録の一部として、ファイルにとじられた場合に、第一審の裁判所は、陪審員の名前の公表を制限することで誤りを犯した）。Ayers v. Lee Enterprises, 277 Or. 527, 536-37, 561 P. 2d 998, 1002-03 (1977)（氏名が公の記録の一部であるならば、強姦事件の被害者の氏名の公表には、訴訟の原因はない）。State v. Coe, 101 Wash. 2d 364, 378, 679 P. 2d 353, 361 (1984)（公の記録の事柄である、合法的に入手した情報を、間違いを犯さずに、伝えたり、また、放送したりなどする「絶対的ともいえる権利」を、報道機関は有する)。Restatement (Second) of Torts § 652D, comment b (1977) (「すでに公開されている、原告に関する情報の、それ以上の公開を、被告が行うだけにすぎないときには、責任はない。このようなわけで、公の記録に属する事柄である、原告の生命についての事実を、世間に知れ渡るようにしても、責任はない（中略)。」) しかし、See Comment, First Amendment Limitations on Public Disclosure Actions, 45 U. Chi. L. Rev. 180, 189-90 (1977).

(111)　420 U. S. at 492-97.（注は省略)。

(112)　420 U. S. at 496.（「裁判所の訴訟手続において、保護される「プライバシーの利益」があるならば、「公の文書の利用」、または、「個人の情報についての異なる呈示」をさせない方法でもって、州は、答えなければならない。州の政治上の制度は、「プライバシーの利益」を「一般の人々の知る権利」や「報道機関の知らせる利益」と比較考量するようにしなければならないことになる。」)（注は省略)。また、Briscoe v. Reader's Digest Assn., 4 Cal. 3d 529, 541, 483, P. 2d 34, 42, 93 Cal. Rptr. 866, 874 (1971)（「連邦憲法修正第1条によって保障された権利は、プライバシーの権利の全部の廃棄を求めてない。」)

(113)　たとえば、See United States ex rel. Lloyd v. Vincent, 520 F. 2d 1272 (2d Cir.)（将来、役に立つことを保ち続けるようにしたり、また、スパイの生命を守るようにしてゆく努力の中で、証言中、裁判所は、一般の人々を、公判から締め出すようにした)、cert. denied, 423 U. S. 937 (1975); United States ex rel. Orlando v. Fay, 350 F. 2d 967 (2d Cir. 1965)（法廷内の秩序を維持するために、一般の人々は、締め出された)、cert. denied, 384 U. S. 1008 (1966); United States ex rel. Smallwood v. LaValle, 377 F. Supp. 1148 (E. D. N. Y.)（一部は、母親とまだ生まれてこない子供

の幸せを気づかい、また、一部は、報復についての母親の個人的な心配にもとづいて、十代の妊婦の証言中、一般の人々を、締め出した)、affd. without published opinion, 508 F. 2d 837 (2d Cir. 1974), cert. denied, 421 U. S. 920 (1975); United States v. Geise, 158 F. Supp. 821, 824 (D. Alaska) (二人の証人が、七歳と一一歳の少女であった、九歳の少女に対する強姦事件の裁判において、家族と親しい友人と報道機関の人々、それに、弁護士を除いた、すべての傍聴人は、締め出されることになった。第一審の裁判官は、自由裁量の適切な行使にあたり、デリケートな事実を証言させたり、あるいは、不快に思う事実を証言させること(中略)になるとの理由から、証人を困惑させないようにするために、公正にみて必要といえるかもしれないとの考えの下で、一般の人々を、締め出すことができる、と主張した)、affd., 262 F. 2d 151 (9th Cir. 1958), cert. denied. 361 U. S. 842 (1959); Tribune Review Pub. Co. v. Thomas, 153F. Supp. 486(W. D. Pa. 1957) (被告人のプライバシーを保護するために、法廷の周辺で写真を撮ることを、禁止する)、affd., 254 F. 2d 883 (3d Cir. 1958); Brumfield v. State, 108 So. 2d 33, 38 (Fla. 1958) (連邦憲法修正第一条の出版の自由の主張を認めないで、強姦事件のために起訴された被告人のアレインメント(罪状認否手続)の間、写真を撮ることを禁止する、裁判所の決定を支持すること。実際には、そのようには行われないで、裁判所は、それが、被告人のプライバシーの権利を保護するために適法な手段であったことを理由に、決定の正当であることが、また、支持されることになった、と述べていた)、108 So. 2d 33, 37 (「訴訟手続の部分は、出席とかふるまいとかが、適切に制限されたり、また、コントロールを受けたりすることができる関係にあるところから、プライベートな出来事の側面を身につけている。」) Ex Parte Strum, 152 Md. 114, 136 A. 312 (1927) (写真を撮る人々を締め出す決定は、一部は、法廷内の荘重さや礼儀正しさを維持してゆくのに必要だからであって、報道の自由を侵害することはなかった)。Commonwealth v. Hobbs, 385 Mass. 863, 868, 434 N. E. 2d 633, 638 (1982)(「証人を保護し、秘密の情報を隠し、また、命令を守るために必要なときには、裁判官は、法廷から傍聴人を締め出すことができる。」)(引用は省略)。Mach Appeal, 386 Pa. 251, 126 A. 2d 679 (1956)(保護することについて、裁判所が、固有の義務を負わされている「プライバシーの権利」を、刑事事件の被告人が有しているという理由にもとづいて、幾分かは、法廷内において写真を撮ることを禁止する裁判所の規則を、支持することになる)、cert. denied, 352 U. S. 1002 (1957); State v. Sinclair, 275 S. C. 608, 614, 274 S. E. 2d 411, 414 (1981)(「訴追の決め手となった証人が証言していた間だけ、一般の人々は、締め出された。(中略) 命令に対する、最も重要な理由は、九歳になる少女の証人を、彼女が、困らされることになる、影響の受けやすい、出来事についての、細かな部分を、詳しく話していた間、一般の人々の詮索から守ることにあった。」) 一般の人々に対して、もしも、公判への立入りを、させないようにしなければならないならば、決定を行うのに用いられることになった、多くのテストについての、総括的な検討に関しては、See 2 W. LaFave & J. Israel. Criminal Procedure § 22.1 (1984). 筆者は、Glove Newspaper Co. Superior Ct., 457 U. S. 596 (1982)を引用する。この事件において、裁判所は、未成年者による性犯罪の事件を含む、すべての裁判についての立入りの禁止を命ずるマサチューセッツ州の法律を、連邦憲法修正第一条にもとづいて、憲法違反である、と判示した。裁判所は、マサチューセッツ州の法律を無効にしたけれども、そのようなケースにおいて、法廷から報道機関や一般の人々を締め出すことを、連邦憲法修正第一条が、必ずしも、禁じていないことを明らかにした。それどころか、締め出しの決定は、ケース・

バイ・ケースにもとづいて行わなければならないのであって、「性犯罪事件についての未成年の被害者を、それ以上の精神的外傷や困惑から保護するに際しては」、州の利益を考慮するようにしなければならなくなる。457 U. S. at 607.

(114) See Ariz. Code of Judicial Conduct Canon 3A (7) (b) (ii) (Sup. Ct. R. 81 1985).

(115) The Committee on Cameras in the Courts of Division IV of the District of Columbia Bar, Report 7 (1984)〔以下においては、D. C. Report として引用する〕。

法廷内のカメラに反対する者は、裁判の関係者の「プライバシーの利益」が、プリント・メディアによるよりも、放送によるほうが、比較的容易に、おびやかされるものであること(116)、また、それゆえに、報道機関に対する締め出しがないときでも、カメラの締め出しは、法律上正当とされることになる、と主張している。このような主張は、一般の人々におよぼす、その性質と影響の両者の点で、プリント・メディアとは異なる、という仮定にもとづいているのである。こうした結果については、議論されることになるが(117)、その違いの存在を裏書きする、強力な証拠がみられる。その一つとして、テレビは、ニュース・プリントよりも、一層、広く行きわたらせることのできるメディアである、ということを、証拠は示唆する。また、テレビが、国を越えた、第一級のニュース・ソースであることを、報告書は、明らかにしていた(118)。さらに、一九八一年の調査では、アメリカ人の家庭の九八パーセントにおいては、テレビのセットを持っており、また、一般の家では、一日に、六・九時間、テレビを見ている、という結果が判明した。(119) 対照的に、アメリカ人のうちの、二三パーセントの者のみが、新聞の朝刊を買い、また三一パーセントの者のみが、夕刊を購入しているにすぎない。(120) このことは、裁判をテレビ中継することは、新聞による記述と比べるならば、それ以上に広く、世間の目に触れるものを与えることになる、といえる。

(116) See Cotsirilos & Jenner, Cameras in the Courtroom-An Opposing View, Ill. Trial Law. J. Fall-Winter 1982, at 24, 59-60（テレビによる放送は、犯罪の被害者の精神的な外傷を大きくすることになる）。Note, supra note 91, at 918（「テレビ・カメラの、至るところに存在するユニークな性質は、裁判所における訴訟手続に与えるメディアの影響を評価するとき、プライバシーについての紋切り型の見解を考え直すようにさせてしまう。」）

(117) 前掲の注の一一六で引用した論説（テレビは、精神的な外傷と裁判の公開を増大させることになる）をAres, supra note 50, at 177（テレビとプリント・メディアの間には憲法上の違いはない）およびBollinger, On the Legal Relationship Between Old and New Technologies of Communication, 26 German Y. B. Intl. L. 269 (1983)（テレビとプリント・メディアを別々に規定することに対する、正当化事由の妥当性を、問題にすること）と比較すること。

(118) See Ares, supra note 50, at 174 (citing Roper Org., Public Perception of Television and Other Mass Media : A Twenty Year Review, 1959-79).

(119) "Television in the Courtroom", supra note 17, at 41 (statement of Herald Price Fahringer, General Counsel, First Amendment Trial Lawyers Associations).
(120) *Id.*

3　裁判の実施上の負担の回避

放送するについての、つけ加えられることになった活動は、運営と監督に関し、追加の時間を費やすことを、裁判官に求めるようになる、新しい問題を引き起すことになる。[121] また、多くの州の「ガイドライン」は、裁判の関係者が、テレビ中継に反対するかもしれないときには、裁判官に審問を行うことを要求している。もしも、裁判所が、カメラを許す決定をするならば、裁判官は、「ガイドライン」に従うことを保証しなければならない。これらの運営上の負担の、いくつかは、テレビ中継を要望する、すべての放送局の、代りを務めるための「メディアのプール」や「連絡のための機関」を大多数の州の「ガイドライン」が設ける、という事実によって、軽減されることになる。しかしながら、「メディアのプール」は、法廷内のカメラによってもたらされる負担の多くをなくすようにはしない。残された重大な負担としては、再度の正式の事実審理のために、公明正大な陪審員を、陪審名簿から選ぶにあたっての困難が多いこと、陪審のパネルが、一段と、大きくなってゆくこと、執行官の使用が、増加すること、[122] それに、陪審員を隔離する必要が、一層、頻繁になってくること、などがあげられる。「陪審員の隔離」は、裁判の運営に対して過酷な負担をかけることになる。また、より多くの「対立する陪審」を作り出すようにもなってゆく。遺憾なことには、「陪審員の隔離」は、しばしば、避けることができないでいる。もしも、隔離されなかったならば、そうしないようにとの裁判官の指示にもかかわらず、陪審員は、「テレビでの自分自身を見る誘惑」に耐えることができないかもしれない。[123]

(121) Jud. Conf. Rep., supra note 68, at 4.
(122) *Id.*
(123) See "Television in the Courtroom", supra note 17, at 40 (statement of Herald Price Fahringer, General Counsel, First Amendment Trial Lawyers Assocation) (「陪審員は、自分自身を大々的に取り上げるかもしれないニュース放送を見ないように、との裁判官の注意を、守るのが難しいことを、知るようになる。」)、Jud. Conf. Rep, supra note 68, at 5-6. また、See Minn. Report, supra note 17, at 12, 17 (隔離についての全般的な検討)。

4　刑事裁判のテレビ中継についての疑わしい教育上の利益

刑事裁判制度の運営において、法廷内のカメラは、一般の人々を教育するのに役立つと、しばしば、主張されてきている。[124] しかしながら、テレビ中継された裁判が、実際に、有益な教育上の道具として使えるのかどうかについては疑問が残る、といわれている。法廷内のカメラについての司法会議の特別委員会の言うところによれば、州の裁判所の訴訟手続についてのメディアの放送は、裁判所に関する一般の人々の理解を、結果として、深めてはこなかったのである。[125] 一般の人々を教育するというよりは、むしろ、テレビ中継の方法が、「誤った教育」や「裁判のゆがみ」を、しばしば、もたらしてきていた。たとえば、チャンドラー事件において、テレビ局は、たった二分五五秒しか、裁判を放送していなかったし、それに、犯罪訴追の手続のうちの、主尋問と最終弁論の抜粋のみを、見せるようにしていたにすぎなかった。[126] そのように簡潔にされ、しかも、かたよった「見せ方」は、教育というよりは、一層多くの「ゆがみ」や「誤った教育」へと導いてゆく。[127] その上、報告書は、テレビが、新聞やラジオ、それに、雑誌以上に「信用のできるメディア」であるとみられている事実を、明らかにしている。[128] このような事実は、そうした、かたよった、不十分な「プログラム学習」が、さらに多くの危険性をさえ作り出してゆくことになる。

「ゆがみ」についての、この憂慮すべき問題を、考えられているように、「メディアの自己統制」は、解決してゆくことはできた。とは言っても、ほかの商売上の仲間とは異なって、放送メディアは、倫理コードについての洗練された制度の下では機能していない。[129] そのために、州のきびしい「ガイドライン」は、放送を行うものが、代表して、しかも、公平な方法でもって、裁判を見せることを保証するようにする必要があった。

(124) 本節の三以下を参照されたい。
(125) Jud. Conf. Rep, supra note 68, at 7.
(126) Chandler v. Florida, 449 U.S. 560, 568 (1981).
(127) また、See Minn. Report, supra note 17, at 17（「そのような放送のための、現在のコマーシャル・テレビのニュース形式の下で、ビデオとオーディオの放送を提供することの特色を示しながら、制限された、バランスのとれていない放送からは、一般の人々に対する、なんらかの、有意義で、教育的で、情報伝達する価値のある証拠を見い出すことはできない。」）
(128) See Note, supra note 40, at 404 n. 96.
(129) See supra note 17.

三　制約のないアクセスについてのテレビの利益
——連邦憲法修正第一条の価値——

放送を行う者は、連邦憲法修正第一条にもとづいた「裁判をテレビ中継する権利」を与えられてこなかった。[130] とはいえ、そのような、テレビによる中継は、連邦憲法修正第一条の多くの価値に貢献することになる。公開の裁判のために行われてきた伝統的な議論[131]は、また、テレビ中継された裁判を支持する。メディアのアクセスは、裁判制度、ならびに、それの現在の訴訟手続を、広く世間に知らせる働きをもち、裁判の監視を容易にし、さらに、地域社会の浄化を可能にしてゆく。[132] しかも、その上、テレビ・メディアのユニークな性質は、法廷を「一般の人々」や「報道機関」に公開することによって、単に与えられることになった利益以上の、別の利益をも、提供することになる。

(130) See supra notes 41–69.
(131) See supra notes 42–46.
(132) 公開の裁判に対する伝統的な正当化事由についての検討に関しては、See Brown & Williamson Tobacco Corp. v. FTC. 710 F. 2d 1165, 1177–79 (6th Cir. 1983).

誤り伝えられることのない方法で放送されるのであれば、「テレビ中継された裁判」は、裁判制度について、一般の人々を教育することができる。また、このようにして、一般の人々の憲法上の「知る権利」を満足させてゆくようになる。理論的には、国民の一人一人は、裁判所における訴訟手続に「出席する権利」が与えられている。[133] けれども、法廷のサイズが、小さかったり、あるいは、人々が裁判に出席するのに裂くことのできる時間が限られている、などの実際上の都合があって、メディアによって助けられなかったならば、一般の人々は、法廷に現われる、という行動を、どちらかといえば、忘れたままでいるかもしれない、ということになってしまう。法廷内の訴訟手続を一般の人々に教えることに加えて、「テレビ中継された裁判」は、公の問題についての情報を提供することにもなるわけである。強姦事件や殺人事件などのような刑事裁判を放送することは、社会における、多くの重大な問題について、広く知らせる機会をふやす効果を有する、といえる。(134)

(133) See supra notes 70-75.
(134) 広く知られた事件であるが、この事件では、六人の男性が、マサチューセッツ州のニュー・ベッドフォードの酒場の玉突き台で、一人の女性を、強姦したことで起訴された。ケーブル・ネットワークは、裁判の大部分をテレビ中継した。レイプに反対する婦人団体の長は、放送することで、レイプの事実を伝えることを、ほかの被害者に思いとどまらせてしまうかもしれない、と不満を述べた。けれども、彼女は、広く知らせることが、また、性に対する暴力や被害者の権利などの問題について、世間の人々の注意を集めるのに役立つことができることを認めたのである。Friendly, CNN Plans to Cover Sex Abuse Trial, N. Y. Times, Apr. 25, 1984, at C22, col. 3.

テレビ中継された訴訟手続は、また、裁判所に対する、世間一般の監視の助けとなる。元裁判官のポッター・スチュワートによるならば、憲法にもとづいた、自由な報道の保障の主要な目的は、(中略)三つの正式な部門に対する追加のチェックとして、政府の外に、第四番目の制度を作ることであった。(135)この裁判所の監視の役割は、シェパード対マクスウェル事件においても、また、認められた。この事件において、裁判所は、「報道機関は、ただ単に、裁判に関する情報を流すだけにとどまらないで、警察や検察官、それに、裁判のプロセスを、広範囲にわたる、世間一般の監視の目や批判にさらすことによって、誤審に備えるのである[136]」と述べていた。

(135) スチュワート裁判官の講演。Yale Law School (Nov. 2, 1974), reprinted in, Stewart, "Or of the Press", 26 Hastings L. J. 631, 634 (1975). しかし、See Lewis, A Preferred Position for Journalism?, 7 Hofstra L. Rev. 595 (1979)（「報道」の自由は、ニュース・メディアだけに限らないで、同じように、また、本職の記者以外の人々の権利でもある、と論じている）。

(136) 384 U. S. 333, 350 (1966), quoted in Marcus, The Media in the Courtroom : Attending, Reporting, Televising Criminal Cases, 57 Ind. L. J. 235, 237 (1982). また、See "Television in the Courtroom", supra note 17, at 40（「刑事裁判制度は、精力的で自主的な記者によってのみ、手に入れることのできる『高度の責任』に対し、行われるようにしなければならない。」）

「テレビ中継される裁判」から得られる三番目の利益は、「地域社会の治療的価値」と呼ばれてきている[137]。犯罪行為は、しばしば、人目に触れる暴力や報復の衝動を起させる[138]。刑事裁判制度をテレビで一般の人々に公開することは、そのような地域社会の「敵意のはけ口」を与えることになる、といえる[139]。なお、その上に、この敵意は、一般の人々が、裁判の行われている事実を見せられるときには、いくぶんかは、少なくなるかもしれないのである。このようなわけで、「テレビ中継される裁判」は、予防の目的にかない、また、一般の人々が、自身で私的制裁を加えるような事態を少なくすることができる。(140) 結局のところ、電子メディアのユニークな性質は、プリント・メディアではできない方法でもって、これらの役目を果すことができる点にある。プリント・メディアは、テレビと同じようには、的確に、証人の態度や法廷内全般のふんい気を伝えることはできない。(141) さらに、テレビの浸透性(142)は、裁判の情報を広めるについての、すぐれた仕組みを作り出している。

(137) Press-Enterprise Co. v. Superior Court, 464 U.S. 501, 508 (1984) (quoting Richmond Newspapers, Inc. v. Virginia, 448 U.S. 555, 570 (1980).

(138) See Press-Enterprise Co. v. Superior Court, 464 U.S. 501, 508-09 (1984) (「犯罪行為、とくに、暴力的な犯罪は、しばしば、世間一般の関心を呼び起すことになり、また、非道な行為や敵愾心さえも、もたらすようになる。このことは、順に、地域社会の報復の衝動を招くことになって、また、裁判が行われることを願うわけである。」) Richmond Newspapers, Inc. v. Virginia, 448 U.S. 555, 571 (1980) (「ショッキングな犯罪が起るときには、暴力行為に対する地域社会の反発、ならびに、世間一般からの抗議が、しばしば、そのあとに続くことになる。」) T. Reik, Foregiveness and Vengeance, in The Compulsion to Confess 408 (1959) (仕返しのためには、人間は、「まことに、疑いのない、差し迫った、欲求をもつようになる」と述べている)。

(139)　See Press-Enterprise Co. v. Superior Court, 464 U. S. 501, 509 (1984)（「法律が実施されていることや、刑事裁判制度が、その機能を果していることを、一般の人々が知るときには、これらの理解のできる反発や感情のために、一つのはけ口が与えられる。」）Richmond Newspapers, v. Virginia, 448 U. S. 555, 571 (1980)（「裁判の公開のプロセスは、一つの重要な予防目的にかなうことになる。また、地域社会の事柄や敵意、それに、感情などのための一つのはけ口を提供することにもなるわけである。」）

(140)　See Richmond Newspapers, v. Virginia, 448 U. S. 555, 571 (1980)（刑事裁判に対する公のアクセスがなくて、「暴力行為についての自然な人間的反発や抗議がくじかれてしまい、復讐心に燃えた自救行為の、ある種の形式において、自らを明らかにするかもしれない」という関係について述べている）。

(141)　Cf. Hendricks v. Swenson, 456 F. 2d 503, 506 (8th Cir. 1972)（ビデオテープに収録された自白の使用は、書面にされた供述よりも、まさっている。なぜならば、もしも、被告人が、ためらったり、あるいは、はっきりわからなかったならば、陪審は、見分けることができるからである）。しかし、See Note, supra note 96, at 1554（カメラの存在は、証人を神経質にさせることができるし、また、陪審は、誤って、確信がもてないでいるとか、不誠実な態度である、というように解決してしまうかもしれない、と論じている）。

(142)　See supra notes 118-120.

四　適切なバランスの維持

これまでは、法廷内のカメラの賛否の政策論争に関して、その概略を述べることに務めてきた。「テレビ中継される裁判」によって促進される連邦憲法修正第一条の価値が、はっきりしてゆく一方において、裁判の関係者が、先入観を持たされ、さらには、裁判のそこなわれない「もとの完全な状態」が、徐々に、害されてしまうような「潜在的な危険」が、また、みられることになる。「プライバシーの利益」や「公正さ」や「裁判の能率」、それに、「学校教育」でさえもが、刑事裁判をテレビ中継することを許された、これらの放送を行う者に対して、厳しい制限を課すようになるのは避けられない、といえる。裁判所と解説者の多くは、これらの諸利益が、当面の問題と関係のある、連邦憲法修正第一条の価値以上に、重く評価されなければならない、という点で意見が一致している。(143) その他の人々は、被告人に有利な評価は、それほど理解しやすいわけではない、と考えるのである。カリフォルニア州のブリッジス事件(144)において、ブラック裁判官は、「『自由な言論』と『公正な裁判』は、われわれの文明の中で、最も大事にされてきた政策の二つであって、また、それらの間で、選択するのは、つらい仕事になるであろう(145)」と述べていた。

アメリカの社会の「刑事裁判についての場所に関する伝統的な考え」は、法廷内のカメラに対する制限に、賛成する態度をとる。刑事裁判の主要な目的は、被告人に「公正な裁きの場所」を与えることである。そこでは、真相が明らかにされるわけで[146]、一般の人々を教育したり、また、楽しませたりはしない[147]。法廷内の荘重さや厳粛さを維持することについて、州は、最も重要な利益を有する。さらに、州は、これらの目的を促進させるための「ガイドライン」を発展させなければならないのである[148]。

(143) See Press-Enterprise Co. v. Supeior Court, 464 U. S. 501, 508 (1984)（「公正な裁判に対する被告人の権利以上に高く位置づけられる権利はない。」）（強調が加わる）。KPNX Broadcasting v. Superior Court, 139 Ariz. 246, 257, 678 P. 2d 431, 442 (1984)（フェルドマン裁判官は、一部分賛成し、一部分反対する）（「連邦憲法修正第一条と同第六条の、それぞれの権利の間で、われわれが、やむを得ず選択しないわけにはゆかない、これらの例外的な事例の場合に、知らされなかった情報が、陪審員を慎重にさせるかもしれない影響力や先入感、または、プレッシャーなどで、陪審員を支配できる情報であるときには、たいていは、連邦憲法修正第六条に有利なような評価が行われることになる。そのために、連邦憲法修正第一条と同第六条の、それぞれの権利の間での第一審の裁判所の評価の権限は、陪審の問題を扱うときには、最も大きくなるわけである。そのために、陪審員の名前や住所を、報道機関が入手できないような規制を、課すようにさえなるかもしれない。」）State v. Palm Beach Newspapers, Inc., 395 So. 2d 544, 549 (Fla. 1981)（「州と被告人の両者に対する、公正な裁判についての権利の面で、第一審の裁判官が誤りを犯すことは、不可欠のことといえる。フロリダ州の法廷における、電子メディアの存在は、望ましいことではあるけれども、しかし、なくてはならないものではない。」）Minn. Report, supra note 17, at 9（「『関係する当事者』として、委員会に出席する委員や申立人、それに、第1審の裁判所における訴訟手続においてのビデオやオーディオの放送に反対する者の、すべては、『公正で公開の裁判を受ける訴訟当事者の権利』と『訴訟手続についてのビデオやオーディオの放送に対するメディアの願い』との間で、対立の可能性がある場合には、前者が優勢でなければならない事実を受け入れることになる。」）Note, supra note 91, at 929 ; Comment, The Prejudicial Effects of Cameras in the Courtroom, 16 U. Rich. L. Rev. 867, 874-76（1981-82）. 1般的に、See Fatzer, Cameras in the Courtroom : The Kansas Opposition, 18 Washburn L. J. 230（1978-79）（メディアが法廷に存在する場合の連邦憲法修正第六条と同1条の、それぞれの利益の間での「比較考量のプロセス」を論ずること）。

(144) Bridges v. California, 314 U. S. 252（1941）.

(145) 314 U. S. at 260.

(146) See Douglas, supra note 71, at 2-3（「われわれの伝統にもとづいた法廷は、静かな場所であって、そこでは、真面目で献身的な人々による真相の追究が、重々しいふんい気の中で続けられる。」）

(147) See Douglas, supra note 71, at 5 ; Gaines & Stuplinski, supra note 17, at 298（「公判の役割は、（中略）教育経験を積ませることではなく、憲法の基準と手続上ならびに実体上の公正さにかかわる事柄にしたがいながら、当事者間の争いを解決することにある。」）（quoting Estes v. Texas, 381 U. S. 532, 575（1965）（ウォーレン首席裁判官の賛成意見）。

(148)　See Jud. Conf. Rep., supra note 68, at 5-9（人権やプライバシー、それに、真相の追究などへの、法廷内のカメラの脅威に着目して、連邦裁判所の訴訟手続における、写真の撮影や放送についての禁止を、解除すべきではないことを、結論づける）。Douglas, supra note 71, at 5（法廷における、写真の撮影やテレビの中継、それに、ラジオの放送などの拡大に反対する、ダグラス裁判官は、「それらは、あたかも、ヤンキー・スタジアム、または、ローマ時代の大競技場で開催された、見せ物の数々と同じように、裁判を変質させてしまうであろう」と述べていた）。Corry, Rape Trial Covered Live by Cable Network, N. Y. Times, Mar. 1, 1984, at C22, col. 5（「テレビは、単に、一つのイベントとすることだけで、厳粛さとかその意味を奪うことができる。」）

第四節　州のガイドラインと統一性の必要

一　州のガイドラインに違いを設ける多くの地域

1　概　説

裁判をテレビ中継するについての「実験的な試み」を行う州は、テレビ中継の要請を受けた裁判官に指示を与えるための「ガイドライン」を採択するようにしてきた。これらの「ガイドライン」は、これまでに概説してきた、憲法上および政策上の利益の、さまざまな適応を、表わしている。「ガイドライン」の中での「実質的な違い」は、いくつかの領域の中でみられる。すなわち、(1)公判または反対者の証言を、テレビ中継するかどうか、の決定についての、訴訟当事者あるいは証人からの異議に関する効果。(2)陪審を、テレビ中継しなければならないかどうか。(3)一定のタイプの裁判の場合には、放送を行う者を立入禁止にしなければならないかどうか。(4)カメラを、許可するか、または、排除するかの、公判前の決定を審査しなければならないかどうか、を含む手続に関するルール、(5)放送を行うものが、「バランスのとれた報道」を行う義務を負わなければならない範囲。これらの「ガイドライン」の条項の、いくつかは、以下で検討されることになる。けれども、そのほかの事柄は、ほとんどの州で採用されていて、しかも、うまく行っていることがわかっている「専門的なルール」であるために、検討を行わないで、「提案されたモデルのガイドライン」の中に、単に含めるようにしている。

2　同　意

当事者、または、証人が、かれらの証言、あるいは、裁判のすべてを、放送できなくすることができるかどうかについては、さまざまである。いろいろなルールについての「最良の折衷案」は、法廷内のカメラを綿密に検討する「コロンビア特別区の委員会」によって提出されたそれである、といえるかもしれない[149]。この委員会は、放送を行う者に裁判所における訴訟手続をテレビ中継させないようにする、一面のみの権利を、当事者に与えることはしない、ことを示唆する。別の見方をすれば、証人は、かれらの証言についてのテレビ中継を「締め出す権限」を与えられることになる[150]。このような規定は、「提案されたモデルのガイドライン」の中に組み入れられている[151]。

カメラについての「最初の実験的な試み」においては、同意をしない被告人のために、最大限の保護を行う目的から、放送を、制限したり、あるいは、締め出したりなどする権利を、多くの州は、被告人に与えていた。それでも、一九八五年当時、七つの州においては、「被告人の同意」を刑事裁判をテレビ中継するための「絶対的な必要条件」としていたけれども[152]、大多数の州の場合には、この要件を受け入れていなかったのである。

この「絶対的な必要条件」は、「当事者の拒否」が、裁判のなんらかの部分のテレビ中継をできなくさせることを意味する。これに対して、「制限された必要条件」とは、「当事者の拒否」が、特定の証人の証言に関するテレビ中継のみをできなくさせることをいう。州の刑事裁判のテレビ中継について、「絶対的、または、制限的な必要条件」を定める州の数については、つぎのようなデータが得られることになる[153]。すなわち、①「証人の同意」は、「絶対的な必要条件」である（1州）、②「証人の同意」は、「制限的な必要条件」である（14

州)、③「陪審員の同意」は、「絶対的な必要条件」である(0州)、④「陪審員の同意」は、「制限的な必要条件」である(7州)、⑤「被告人の同意」は、「絶対的な必要条件」である(7州)、⑥「被告人の同意」は、「制限的な必要条件」である(3州)、⑦「検察官の同意」は、「絶対的な必要条件」である(5州)、⑧「検察官の同意」は、「制限的な必要条件」である(0州)。

拒否する州では、「実験的な試み」についての意見に反して、「被告人の同意」の要件が、すべての裁判のテレビ中継を、効果的に、締め出している事実を知ることができる。「被告人の同意」を、必要とすることから必要としないことへ、そのルールを変えた州としては、フロリダ州、ハワイ州、コロラド州、カリフォルニア州、それに、ルイジアナ州などがある。(154)実際上のことを考えるならば、被告人から拒否権を奪えば、混乱を引き起す一方において、以下で検討するように、メディアについての一定の制限は、テレビが被告人から「公正な裁判」を取り上げることにはならない、ことを請け合うことができる。これらは、①陪審を撮影することを禁止すること、②特定の機密を扱う裁判の放送を禁止すること、③被告人が異議を提起できる、正式の事実審理の前の審問を要求すること、(155)④カメラを許す決定を求める「公判前の権利」を、被告人に与えること、などを含む。

(149) D.C. Report, supra note 115, at 14-20.
(150) *Id.* at 7, 14-20.
(151) 第六節「モデルのガイドライン」の四参照。
(152) See RTNDA, supra note 3, at B-10.
(153) *Id.* at B-8 to B-18.
(154) See RTNDA, supra note 3, at A-12 to A-16, A-23 to A-24, A-26 to A-27, A-38 to A-39; D.C. Report, supra note 115, at 18（「当事者の同意に関する要件の効果についての実際上の評価は、非常にわずかばかりの裁判放送となってゆくであろう、と示唆されている。」）
(155) Cf. Chandler v. Florida, 449 U.S. 560, 577 (1981)（フロリダ州の訴訟手続を検討する）。

逆に言うならば、一四の州は、賢明にも、証人に、かれら自身の証言に対する「テレビ中継の禁止」を認めるようにしている。このような規定を可決・成立させた州は、アラバマ州、アラスカ州（性犯罪の被害者を除く）、アーカンソー州、アイオワ州（性的な虐待の被害者のみ）、カンザス州、メリーランド州（被害者のみ）、ミネソタ州、オハイオ州、オクラホマ州、ペンシルヴェニア州、ロード・アイランド州、テネシー州、ユタ州、それに、ワシントン州などの州である。(156) 裁判所に出席させる「ふんい気の違い」に注目することで、州は、証人と被告人との区別を正当化してゆく。コロンビア特別区の委員会は、「暴力犯罪の被害者のような特定の証人や警察への情報の提供者、それに、刑事裁判手続のプロセスにかかわり合うことに気の進まない被告人側の証人などは、もしも、かれらの証言が、テレビで中継されれば、悪い影響を与えられることになる」旨を指摘している。[157] いずれにせよ、テレビによる放送は、これらの証人を利用できないようにさせるであろうし、また、これらの証人は、その証言の内容を変えてしまうであろう、などの危険を、ふやしてゆくかもしれない、と述べられているのである。[158] 他方において、被告人は、テレビ中継されるのをいやがりながらも、公判には出席することになる。[159] しかも、被告人によって行われるその供述をでっち上げようとする動機は、カメラの存在によってではなく、被告人の苦境からもたらされる。したがって、被告人の供述に関するテレビ放送は、証人の証言をテレビ中継する場合と同じような害を、刑事裁判制度に対して引き起すおそれはない。刑事裁判での証人は、証言を、申し出て、述べるように勇気づけられなければならない、という見解は、斬新なものではない。「被害者および証人の保護法[160]」は、刑事事件で証言する証人を励ますように立案された法律の唯一の例といえる。いく人かの解説者は、また、証人は、被告人よりも、「プライバシーの権利」をより以上に多く、保有しているために、特別の保護を受ける資格をもっている、と熱心に主張している。[161]

(156)　See RTNDA, supra note 3, at B-15 to B-16.

(157) D. C. Report, supra note 115, at 14.
(158) *Id.*
(159) *Id.* at 16.
(160) The Victim and Witnesses Protection Act § 4 (a), 18 U. S. C. §§ 1512-15 (1982).
(161) See Tongue & Lintott, The Case Against Television in the Courtroom, 16 Willamette L. Rev. 777, 792-94 (1980); Note, supra note 91, at 917-18.

いくつかの州においては、裁判官は、その自由裁量にもとづいて、証人が、もっともな理由を示すならば、反対する証人に対するテレビの放送を禁止することができるようにしている。(162) 証人の証言をテレビ中継するにあたり、「証人の同意」を「要求していない」州は、アリゾナ州、カリフォルニア州、コロラド州、コネチカット州、フロリダ州、ジョージア州、ハワイ州、アイオワ州、ケンタッキー州、メリーランド州（被害者を除く）、マサチューセッツ州、モンタナ州、ネバダ州、ニュー・ハンプシャー州、ニュー・ジャージー州、ニュー・メキシコ州、ノース・カロライナ州、ウェスト・バージニア州、それに、ウィスコンシン州などの州である。(163)

反対する証人の証言についてのテレビ中継の禁止を裁判官に求める「均一のルール」は、公判の前に、気乗りのしない証人に対して、弁護士が、その意思に反してテレビ中継されることのない旨を、請け合うことができるために、さらに高い評価を受けることになる。[164]「反対する証人の証言」についての「テレビ中継を禁止」する州は、アラバマ州、アラスカ州、アーカンソー州、アイオワ州（性犯罪の被害者のみ）、カンザス州（警察への情報の提供者、少年の証人または被害者/証人、秘密捜査官、新しい場所に移住した証人）、メリーランド州（被害者のみ）、ミネソタ州、オハイオ州、オクラホマ州、ペンシルヴェニア州、ロード・アイランド州、テネシー州、ユタ州、それに、ワシントン州などの州である。[165]なお、こうした事前の保証は、刑事裁判のプロセスにとっては非常に重要といえる証人の協力を得る可能性を高めることになる。

（162）See RTNDA, supra note 3, at B-15 to B-16.

（163）*Id.*

（164）See "Television in the Courtroom", supra note 17, at 41（報道者のプライス・ファリンガー、一般の弁護士、連邦憲法修正第一条についての法律家協会の陳述書）（「証人の多くは、かれらの証言が、もしも、無数の人々によって見られていることを知るならば、裁判所に来るのを差し控えるようになるであろう。」）Tongue & Lintot, supra note 161, at 792（証人を、自ら進んで出廷する気にさせることの、弁護士の難しい仕事を、テレビが、いかに阻害しているか、について述べている）。D. C. Report, supra note 115, at 15. しかし、See Note, supra note 40, at 408（同意を拒む正当な理由を提出するように、裁判官は、証人に要求しなければならない、ことを論じている）。

(165) See RTNDA, supra note 3, at B-15 to B-16.

3 陪審に対する放送の制限

公判の間、および、予備尋問の間、陪審を撮影するならば、禁止しなければならない「重大な危険」を持ち出すことになる。[166] 陪審をテレビ中継することは、その「公明正大性」を侵害することになる。そのために、「裁判の公正」は危険にさらされる。テレビで陪審員を見る人々は、かれらの決定に影響を与えようとして、かれらを悩ませるかもしれない。[167] 外部からのプレッシャーを強めてゆくことで、放送は、世論を、「求められてはいないが、強力な第一三番目の陪審員にする」力を与えることができる。[168]

その他の事柄としては、放送は、法廷の内外で陪審員を悩ませることである。法廷の内部では、カメラからもたらされる音によって、あるいは、撮影されている事実を、ただ、知るだけで、陪審員の注意は、乱されてしまうかもしれない。[169] これに対して、法廷の外では、裁判に関する報告を、読んだり、また、見たりなどしないように、との裁判官の指示があるにもかかわらず、テレビで、それを見たい、との誘惑にかられるようになるかもしれない。[170] また、放送を見る陪審員は、証拠能力のない証拠を知るようになったり、あるいは、異なった角度から提出されることになった事実を見たりなどするかもしれない。最小限、かれらは、放送する者によって最も重要であると考えられた、これらの事実に対する「余分のもの」を見せられることになってしまう。事実認定のプロセスにおける、そのような汚染は、重大な政策上および憲法上の問題を提起することになる。

(166) 後掲の第六節の(Ⅳ)―と(Ⅴ)を参照されたい。

(167) See Estes v. Texas, 381 U. S. 532, 546 (1965)（もしも、テレビで述べた、としたならば、「陪審員は、最も広範囲にわたる解説や批判、ならびに、恐らく、友人や身内のもの、または、通りにおける、かれらを知っている探究心のある見知らぬ人々などの『善意から出たアドバイス』を免れなくなるであろう。」）また、See Cotsirilos & Jenner, supra note 116, at 60（「プリント・メディアの報告書を読む場合と異なり、裁判を見たことの経験は、人を、裁判について、一層物知りになったような気にさせることになる。また、正しい結末に対して、より以上の説得力のある意見となるように導いてゆく。陪審員は、そのような人々によってアプローチされてゆくことになるであろうし、さらに、裁判について、討議に加わるようになってゆくであろう、という一つの『密接な必然性』がみられる。」）

(168) Note, supra note 91, at 928. また、See Sheppard v. Maxwell, 384 U. S. 333, 351 (1966)（「事件で得られる結論は、公開の法廷での弁論や証拠によってのみもたらされるのであって、プライベートな話によるにせよ、また、公のプリントによるにせよ、外部からの影響によってもたらされることはない、というのが、われわれの制度の法理なのである。」）(quoting Justice Holmes in Patterson v. Colorado, 205 U. S. 454, 462 (1907)).

(169) See Estes v. Texas, 381 U. S. 532, 545-47 (1965). 陪審員は、カメラの存在によって混乱させられることはない、という示唆に対しては、See Cal. Report, supra note 93, at 228 ; Fla. Report supra note 6, at 768-69 ; La, Report, supra note 93, at 2.

(170) See supra note 123.

さらに、公判の間、陪審をテレビ中継することは、陪審員の正当な「プライバシーの利益」を侵害することになるかもしれない。裁判所は、陪審員の「プライバシーの利益」を、「保護しなければならない正当な事柄」として理解してきた。被告人や州、それに、陪審員自身は、すべて、この利益を共有することができる。これらの利益について説明した、ブラックマン裁判官は、「予備尋問での質問に正直に答えさせるために、被告人は、陪審員のプライバシーを保護することについて利益を有する。陪審員自身のプライバシーの利益と、ほとんど、常に、同一の広がりをもつ、公判の後でも―将来における陪審員の誠実さを助長するために―陪審員のプライバシーを保護するに際し、州も、同じような利益をもつ」と述べている。[171] しかし、プレス・エンタープライズ社事件において、ブラックマン裁判官は、陪審員が、単に「プライバシーの利益」をもつにすぎないことを強調するに至った。もっとも、同裁判官は、その利益が、憲法上の権利の水準にまで高められるのかどうか、また、それには、どのような条件が必要なのか、などの点の考察は、他日に延ばしたのである。[172] 公判の関係者のすべての者について言うならば、陪審員は、「最も仕方なしに裁判所にいるようにさせられた者」といってよい。市民としての義務を果している陪審員は、ひろく世間一般の詮索にさらされなければならないようにするべきではないわけである。そのような「人目にさらされた状態」は、裁判官（いくつかの州では弁護士）が、しばしば、非常に個人的な事柄について陪審員に質問をするために、予備尋問では、とくに重大な問題となってくる。(173)たとえば、陪審員は、過去の交友関係や犯罪行為に関する情報を打ち明けるように求められるかもしれない。このようなわけで、「陪審員のプライバシー」は、かれらが「静かな傍観者」となっている公判の放送よりも、積極的な関係者となっている「予備尋問の訴訟手続」についてのテレビ中継によるほうが、いともたやすく危険にさらされることになる。そのために、「モデルのガイドライン」のセットにおいては、予備尋問の訴訟手続のテレビ中継を禁止している、九つの州によって、すでに採用されているルールを取り入れるようにしなければならない、といわれる。「九つの州」とは、コロラド州、コネチカット州、ハワイ州、アイオワ州、マサチューセッツ州、ミネソタ州、ニュー・メキシコ州、ノース・カロライナ州、それに、ロード・アイランド州の各州をさす。(174)

これとともに、「公開の推定」が、リッチモンド新聞社事件において、「報道機関」と「一般の人々」に保証されることになった、と最高裁判所が判断したことに言及しておかなければばならない。[175] しかも、これを、刑事裁判における「潜在的な陪審員」についての予備尋問手続の尋問にまで広げるのである。[176] とは言っても、裁判所は、ただ単に、「公開の推定」を確立させたにすぎなかった。予備尋問の手続に対して、「アクセス権」を与えるための「均一のルール」を採用することはしなかった。その上、リッチモンド新聞社事件を電子メディアにまでは広げない、という裁判所の決定によって明らかにされることになったので、[177]「一般の人々に対する公開」は、必ずしも、テレビの放送を制限できないことを意味しない、のである。

（171） Press-Enterprises Co. v. Superior Court, 464 U. S. 501, 515 (1984)（ブラックマン裁判官の賛成意見）（注は省略）。

（172） 464 U. S. at 516. また、See Sheppard v. Maxwell. 384 U. S. 333, 353 (1966)（「将来の陪審員によって受けとられることになった匿名の手紙の内容は、このような公開が、陪審員のプライバシーを、容易ならないほどに、危険にさらすことになる旨を、裁判官に知ってもらわなければならない、というものである。」）United States v. Barnes, 604 F. 2d 121 (2d Cir. 1979)（名前と住所を公表しないことで、麻薬事件において、陪審員の匿名性を守るようにした、第一審の裁判所の判断に賛成する）、cert. denied, 446 U. S. 907 (1980) ; KPNX Broadcasting v. Maricopa County Superior Court, 139 Ariz. 246, 258, 678 P. 2d 431, 443 (1984)（フェルドマン裁判官は、一部分賛成し、一部分反対する）（「わたくしの考えでは、陪審員が、プライバシーの観念と匿名性を与えられるならば、すべての制度は、ずっと良く機能することになると思う。」)

(173) See Press-Enterprise Co. v. Superior Court, 464 U.S. 501, 514 (1984)(「陪審員は、かれの公の義務を果すために呼び出されているにすぎない。そのために、極めて個人的な、あるいは、困らせるような、情報を、世間のすべての人々に打ち明けることを求められない、正当な利益を有する。」)

(174) See RTNDA, supra note 3, at B-24.

(175) See supra notes 41-46.

(176) Press-Enterprise Co. v. Superior Court, 464 U.S. 501, 505-10 (1984).

(177) See supra notes 50-57.

陪審をテレビ中継することの禁止は、陪審との関係では、放送する実益が、ほとんどない、という事実によって、さらに、一層、支持を得ることになる。公判を観察している陪審をテレビ中継することは、一般の人々に裁判所における訴訟手続を理解させることについては、寄与するところが、ほとんどない。[178] さらに、予備尋問の手続、または、公判において、陪審を撮影することは、裁判の監視の目的を、まったくと言ってよいほどに、達成させることはない。実のところ、「誤審」を防止するためには、[179] 一般の人々は、陪審の実際の評議をまのあたりに見ることが必要となる。予備尋問の手続についてのテレビ中継も、また、公判を観察している陪審員を放送することも、ともに、陪審が、課せられた任務を適切に遂行したかどうかを、一般の人々を教え導くことはない、といってよい。

カメラを許す大部分の州では、陪審の人々をテレビ中継するにはいくらかの制限を課すようにしている。若干の州の場合には、陪審に対するテレビ中継を全面的に禁止する。陪審について、テレビによる放送を「完全に禁止している州」は、アーカンソー州、コネティカット州、ハワイ州、ミネソタ州、ニュー・メキシコ州、ノース・カロライナ州、オハイオ州、それに、ユタ州などの州である。[180] これに対して、個々の陪審員を認識できるような方法での撮影を禁止する州もみられる。「陪審についての放送は認めるが、個々の陪審に関しては、見て、それとわからないような方法でのみ許すようにしている州」には、アリゾナ州、カリフォルニア州、コロラド州、カンザス州、マサチューセッツ州、それに、ニュージャージ州などの州がある。[181] また、個々の陪審員についての、クローズ・アップ、あるいは、ズーム・インを禁止しているルールは、「外部からのプレッシャー」や「プライバシーの干渉」に対して、いくらかの保護をもたらすことになる。そのほか、テレビで裁判を見る陪審員の衝動を削減することもできる。しかしながら、このような部分的な制限は、技術的には、実行するのが難しい、という報告がなされている。[182] したがって、陪審を放送することの全面的な禁止は、公正な陪審を保証したり、また、陪審員のプライバシーを保護するには、より以上に適切といえる、ことになる。

(178) See Note, supra note 40, at 422（「陪審を写真に撮ることは、一般の人々を教育することにはならない。また、そうした報道は、裁判所を監視することの助けにもならない。―それは、見せるために、目に触れるようにしているだけである。（中略）関係する、連邦憲法修正第一条の、ごくわずかな利益と結びついた外部の影響から、陪審を守る州の強力な利益は、疑いなく、陪審を写真に撮ることの禁止を正当化することになる。」）
(179) See supra note 136.
(180) RTNDA, supra note 3, at B-10 to B-11.
(181) RTNDA, supra note 3, at B-17 to B-18.
(182) See Cal. Report, supra note 93, at 231.

4　「高度に影響をおよぼす裁判」のテレビ中継についての制限

裁判の関係者のプライバシーを守るために、[183] 少年事件の訴訟手続や家庭に関連した争い、それに、性犯罪などの、非常に「影響の受けやすい一定のタイプの裁判」から放送メディアを締め出すようにしなければならない。「影響の受けやすい刑事裁判」からメディアを締め出す州は、高度に「影響を受けやすい民事裁判」からメディアを締め出すに際しては、同じような正当化事由を用いていることを、特に、言及しておく必要がある。このようなことから、八つの州では、「養子縁組」についての訴訟手続からメディアを締め出すようにしている。また、一一の州では、「子の監視」についての訴訟手続からメディアを締め出すのである。さらに、一一の州では、「離婚」に関する訴訟手続からメディアを締め出すことにしているのである。[184]そのために、以下において提案される「モデルのガイドライン」では、刑事または民事の事件にかかわらず、メディアは、「影響を受けやすい裁判」のすべてを、テレビ中継できないようにしなければならないことを定める。[185]一方、一三の州は、「少年事件」についての訴訟手続のテレビ中継を禁止する。[186]また、八つの州では、「性犯罪」についての裁判のテレビ中継を禁止している。[187]

多くの州の「ガイドライン」は、そのような締め出しを命じたり、あるいは、そのような放送を禁止しなければならないことの推定を規定する。「推定のルール」をもつ州としては、メリーランド州とウイスコンシン州がある。[188]その他の州では、決定を、もっぱら、裁判官の自由裁量に任せるようにしている。そのような州の一例として、ニュー・メキシコ州をあげることができる。[189]

（183）　See D. C. Report, supra note 115, at 21-22（関係者の「プライバシーの利益」を最も侵害しそうな裁判のタイプについて検討している）。また、See State v. Gilroy, 313 N. W. 2d 513, 517 (Iowa 1981)（「『有効で、必要な、法の実施のプロセス』を保護するために、証人についての拡大されたメディアの放送から、秘密捜査官を排除することに賛成する。」）

（184）　RTNDA, supra note 3, at B-19 to B-21.

(185) See Appendix, section II (b), infra.

(186) See RTNDA, supra note 3, at B-21. また、See Geis, Publicity and Juvenile Court Proceedings, 30 Rocky Mtn. L. Rev. 101, 102 (1958)(「少年事件の訴訟手続において、プライバシーは、問題にされなかった、数少ない基調の中では、代表的なものとされた。」) Note, supra note 40, at 421-22(「先例は、少年事件の訴訟手続の内密性を、少年事件の制度の働きを成功させるには絶対に必要なもの、とみていた。」)

(187) See RTNDA, supra note 3, at B-23. また、See D. C. Report, supra note 115, at 7, 21-22(テレビによる放送は、訴訟の当事者のプライバシーの利益を侵害しそうな、たとえば、性犯罪についての裁判のような事件では、許されるべきではない、と論じている)。Fla. Report, supra note 6, at 779(性犯罪の被害者や秘密の情報提供者や囚人、それに、監護上の争いに巻き込まれた人々などに対する撮影を禁止するのは、適切であるといえるかもしれない、と論じている)。

(188) See RTNDA, supra note 3, at B-20.

(189) *Id.*, at B-21.

一般の人々やプリント・メディアに対してカメラを完全に閉ざしてしまうのとまったく同じ理由から、「ガイドライン」は、一定の非常に「影響の受けやすい裁判」からカメラを締め出すようにすることを裁判所に求めなければならない。(190)「公判を閉じること」は、証人、とくに、被害者や困惑した者や悩まされた者、または、報復を受ける者などの証人を使わないでもよいようにすることができる。性犯罪を含む裁判の場合には、典型的に、影響を受けやすく、しかも、個人的な問題を引き起すことになるために、多くの裁判所は、少なくとも、被害者が証言している間は、傍聴人を締め出すようにしている。[191]

ニュー・ベッドフォードの強姦事件[192]において、裁判官は、プリント・メディアも放送メディアも、ともに、被害者の写真を撮ることも、また、被害者の名前を明かすこともできないことを決定した。[193]そのため、視聴者は、質問に答えている被害者の、単調で、なんの感情も伴わない声だけを聞かなければならなかったのである。[194]しかし、不運なことに、裁判官の決定は、うかつにも役に立たなくなってしまった。生《なま》放送であったために、放送する者が、公開の法廷で放送した際に、被害者の名前を明かさないようにすることができなかったからである。[195]このことは、制限された締め出しを行うことや、必ず裁判官の決定どおりに放送を監督してゆくことの必要が、いかに難しいかを、きわだたせている。子供を含む裁判を統轄する裁判官は、また、事前に「特別の対策」をとるようにしてきた。[196]確かに、少年事件の訴訟手続の閉鎖を含め、子供に与えることのできた、さまざまな保護がみられる。子供は、かかわり合うことになった犯罪によっても、また、裁判のプロセスそのものによっても、成年者以上に、比較的やすやすと、おびえさせられてしまうことが認められる。[197]大多数の州では、子供の「プライバシーの権利」の重要性を、かなり信じながら、一般の人々に対して、少年事件の裁判所の訴訟手続を閉鎖することにしている。[198] 少年事件の訴訟手続の完全な閉鎖についての合憲性は、グローブ新聞社事件[199]を考慮に入れるならば、非常に疑問といえる。とは言っても、少年事件の訴訟手続への、ある程度のアクセスは、一定の状況の下では必要とされるかもしれない、という事実は、そのような訴訟事件のテレビ報道を許すようにしなければならない、ということを意味しないのである。[200]

(190) See Cox Broadcasting Corp. v. Cohn, 420 U. S. 469, 496 (1975)（被害者の身元を隠したり、また、被害者のプライバシーを保護したりなどするためには、閉鎖は許されるかもしれない）。See supra note 104.

(191) たとえば、See State v. Smith, 123 Ariz. 243, 599 P. 2d 199 (1979)（裁判所は、被害者の証言中、傍聴人を締め出した）。State v. Santos, 413 A. 2d 58 (R. I. 1980)（強姦事件の被害者の証言中、すべての傍聴人を、一時的に、締め出すことは許される）。

(192) See supra note 134.

(193) Corry, See supra note 148, at C 22.

(194) *Id.*

(195) See Friendly, supra note 134, at C 22.

(196) See Boy, 7, Is Witness in Child Abuse Case, N. Y. Times, Jan. 23, 1985, at A 9, col. 1（子供

の証言を、閉回路テレビで見ることを命ぜられた傍聴人。子供の名前は、ビデオテープから削除された)。一般的に、See Annot, 14 A. L. R. 4th 121 § 26, 7 c (1982).

(197) また、See Geis, supra note 186, at 102 (「マス・メディアが、少年事件の事実を広めることから結果としてもたらされる悪い評判は、おびえさせる、というよりも、むしろ、少年に対し、永久に残る傷跡をもたらすようになりかねない。また、将来への適応性や、法を守る態度に対する見通しを立てなくさせてしまいがちである。」)

(198) See S. Fox, Juvenile Court in a Nutshell 184-87 (1984).

(199) Globe Newspaper Co. v. Superior Court, 457 U. S. 596 (1982). See supra note 113.

(200) Cf. supra notes 174-177.

「影響を受けやすい裁判」についての放送を許すことは、また、比較的一般的な犯罪の「抑制の問題」を引き起すことになる。たとえば、性犯罪事件の被害者は、裁判がテレビ中継される、と思うならば、犯罪について、届け出なかったり、または、訴訟を起さなかったりなどの選択をするかもしれない(201)。これらの被害者が、加害者を訴追するためには、「ガイドライン」は、格別「影響を受けやすい裁判」のテレビ中継を許さないようにすることを、裁判官に求める必要がある、といえる(202)。

裁判所は、ケース・バイ・ケースの基準にもとづいて、そのような決定を行うことを望むであろうが、しかし、決定を裁判官の自由裁量にゆだねると、被害者の「プライバシーの利益」を裁判官の「気まぐれな気分」の下に置くことになってしまう。確かに、グローブ新聞社事件[203]において、最高裁判所は、そのようなケース・バイ・ケースのアプローチを採用した[204]。けれども、この事件では、少年事件の訴訟手続を放送することはしていなかったのである。ここで、フロリダ州の場合をみてみることにする。同州では、テレビによる放送は、新聞報道とは質的に異なる影響を与えることはないであろう、という理由にもとづいて、殺人事件の被害者の未亡人や報復を恐れる囚人、それに、強姦事件の一六歳の被害者などによって行われた、テレビ中継をしないようにとの願いを、裁判官は拒否したのである[205]。これらの願いの場合（とりわけ、最後のケースの場合）に、訴訟当事者の正当な「プライバシーの問題」に対して、鈍感になっている裁判官が、「プライバシー」の保護を命じているルールによって強制されることがないときは、不正が起り得ることを明らかにする[206]。

(201)　See Friendly, supra note 134, at C 22.（「ビック・ダン・タバーン事件の強姦についての報道は、ほかの被害者を恐れさせ、また、強制ワイセツ事件を伝えるのを思いとどまらせることができた。」）（ペンシルベニア州の共和党員で、元地区検察官であった、上院議員の、アーレン・スペクターより引用）。
(202)　Cf. supra notes 162-164 ; Appendix, section II(b), infra.
(203)　Globe Newspaper Co. v. Superior Court, 457 U. S. 596 (1982).

(204) See supra note 113.
(205) See Fla. Report, supra note 6, at 778. また、Hoyt, Prohibiting Courtroom Photography : It's Up to the Judge in Florida and Wisconsin, 63 Judicature 290 (1980) ; Note supra note 40, at 406.
(206) Cf. supra notes 16–17.

「プリント・メディア」と「一般の人々」についての、この問題に関して、最高裁判所は、一つの決定を行った。グローブ新聞社事件(207)において、一八歳以下の被害者を含む、特定の性犯罪事件の裁判から「一般の人々」と「報道機関」を首尾一貫して締め出してきた州の法律を、裁判所は、くつがえした。「影響を受けやすい裁判」の間、裁判の関係者は、報道機関を締め出せる利益を有することを、裁判所は認めた。しかし、この締め出しの決定は、ケース・バイ・ケースの基準にもとづいて行われることを、連邦憲法修正第一条は要求している、と判示したのである。(208)ところが、第七と第一一の巡回裁判所は、グローブ新聞社事件は、連邦の刑事裁判のテレビ中継の禁止を妨げるようにはしていない、と判示している。そのような禁止は、ただ、単に、一つのタイプのニュース報道を制限するにすぎない、との判断を巡回裁判所はする。比べてみるならば、すべてのタイプの放送を禁止するグローブ新聞社事件において、法律は、打撃を加えることになる。(209)このようなわけで、「高度に影響を受けやすい事件」の場合に、カメラを締め出す州の「ガイドライン」に打撃を加える力は、グローブ新聞社事件には、十中八九、なかった、といわれている。

(207) Globe Newspaper Co. v. Superior Court, 457 U.S. 596 (1982).
(208) See supra note 113.
(209) See United States v. Kerley, 753 F. 2d 617, 620-21 (7th Cir. 1985); United States v. Hastings, 695 F. 2d 1278, 1281 (11th Cir.), cert. denied, 461 U.S. 931 (1983).

5　手続上の保護

実際の裁判の日の前に、裁判所は、テレビ中継に対する願いの通知を、確実に、受け取ること、(210) および、受け取った願いを、裁判所は、当事者に知らせること、(211) の二つの通知に関するルールを、多くの州の「ガイドライン」は定める。第一の要件は、公判の前の、わずかな日の間に、メディアに関連する問題で乱されることのない「本質的な事柄」に、裁判官が、容易に、取り組めるようにすることにある。(212) 第二の要件は、当事者が、公判で、放送を行う者によって驚かされることのないこと、および、フロリダ州のチャンドラー事件において、当事者が、正式の事実審理の前の審問でもたらした権利である、異議を唱える準備をすることなどを保証する。(213)

通知の必要に加えて、「ガイドライン」は、放送を許す公判前の決定に対して、「中間上許」を被告人に認めるようにしなければならない。チャンドラー事件までは、最高裁判所は、「公判後の上訴」が、被告人にとっての、わずかばかりの救済策であった、と主張してきていた。[214] しかしながら、チャンドラー事件の裁判所は、被告人は、放送に対して、反対を表明する機会を与えられる必要があるとする[215]一方において、テレビ中継の決定に対して異議を申し立てる「唯一の機会」が、すでに、損なわれてしまった後の場合には、「上訴によることにしていたフロリダ州のルール」を支持することにしたのである。[216]

(210) See RTNDA, supra note 3, at B-8 to B-9（事前の通知を必要とする、三五の州の一覧表を作る)。

(211) たとえば、See Ariz. Code of Judicial Conduct Canon 3A(7)(f)（Sup. Ct. R. 81 1985); Iowa Code of Judicial Conduct Canon 3A(7)（Rules of Procedure for Expanded Media Coverage 3(b) 1985).

(212) Letter from Judge Murray Richtel to the Subcommittee on Model Rules for Expanded Media Coverage (Jan. 11, 1985), at 2.

(213) 449 U. S. 560, 577 (1981).

(214) See Nebraska Press Assn. v. Stuart, 427 U. S. 539, 555 (1976); Sheppard v. Maxwell, 384 U. S. 333, 363 (1966); Comment, supra note 35, at 330-31（「ネブラスカ新聞社事件は、（中略）有害な公開の結果もたらされる公正な裁判の妨害をなくすための一つの手段として、連邦憲法修正第一

条の報道の権利を制限するのに、少しばかり望ましい、代りの方法は、上訴審の審査にたよること
である、と述べていた。」)
(215)　See supra note 213.
(216)　449 U. S. at 581.「中間上訴」においての、チャンドラー事件の立場についての批評に対して
は、See Note, supra note 143, at 867–68.

そのような不利益を起す証拠を、そのままにしておかないで、放送が、裁判の関係者の行為や裁判の公正さなどに、悪い影響を与えるかもしれないことを、チャンドラー事件の判決は認めたのである。電子による裁判の報道に本来的に備わっているものは、報道について、被告人が、まさに、気づいていることと、もくろまれた放送が、裁判の関係者の行為や裁判の公正さなどに悪い影響をおよぼすかもしれないけれども、それにもかかわらず、裁判の関係者の行為または裁判の公正さに、どのような影響を与えたかの証拠が残されていないことの危険である、といえる。(217)このようなことから、放送の結果、裁判が公正でなかった事実を、後に立証するのは不可能であるかもしれない。それにもかかわらず、裁判所は、放送が有害な結果をもたらした事実を証明する負担を、被告人に課している。(218)この困難な負担は、自由裁量にもとづく第一審の裁判所の判決に対する、上訴審による審査の、高度な基準によって、なお一層、やっかいなものとされる。(219)このようなことから、被告人の救済を、有罪判決後の

上訴に限ることは、その有罪判決が、既に、全国的に、広く放送されてしまっている被告人にとっては、ほとんど利益をもたらさないかもしれない[220]。少数の州の「ガイドライン」は、「中間上訴」を検討している。また、州のうちの、いくつかの州は、裁判所の決定について、「公判前に上訴する権利」を、被告人、あるいは、メディアに、明白に認めていない[221]。「中間上訴」は、上訴裁判所の事件要録書をぎっしりと一杯にし、また、裁判を遅らせることになってしまう。けれども、公判の前に、審理されなかったり、あるいは、上訴できなかったならば、正当な要求が危険にさらされるかもしれない場合には、「中間上訴」は認められることになる。一般に、連邦裁判所は、「中間上訴」には好意を示していない。「権利についての中間上訴」は、法律によって制限されている[222]。その一方で、「裁量上訴[223]」は、めったに、かなえられることはない[224]。とはいえ、多くの州は、「中間上訴」に対しては、より多くの、自由な規定をもっているのである[225]。

(217) 449 U.S. at 577.
(218) *Id.*, at 575, 581-83.
(219) See Lasley v. Sate, 274 Ark. 352, 357, 625 S. W. 2d 466, 469 (1981).
(220) D.C. Report, supra note 115, at 19, 20.
(221) たとえば、Ill. Ann. Stat. ch. 110 A, § 61(c)(24) (Smith-Hurd 1985), amended by In re

Photographing, Broadcasitng, and Televising Proceedings in the Courts of Illinois, M R No. 2634 (Nov. 29, 1983) (adopted on a permanent basis by order entered Jan. 22, 1985); In re Canon 3A(7), 9 Media L. Rep. 1778, 1779 (Minn. 1983).

(222)　See 28 U. S. C. § 1292 (a) (1982).

(223)　See 28 U. S. C. § 1292 (b) (1982).

(224)　See J. Cound, J. Friedenthal, A. Miller, & J. Sexton, Civil Procedure : Cases and Materials 1034 n. 5 (4th ed. 1985).

(225)　たとえば、See Minn. R. Civ. App. P. 103. 03 ; N. Y. Civ. Prac. Law and R. 5701（「実質的権利に影響をおよぼす（中略）決定にもとづく（中略）権利についての（中略）上訴」を規定する）。

コロンビア特別区の法律家の報告書は、「訴訟の当事者」は、「放送を許可する公判前の決定」に対して「中間上訴をする権利」を有するが、しかし、「メディア」と「訴訟当事者でない者」は、「放送を禁止する公判前の決定」に対して「上訴する同じような権利」は認められない、とするルールを勧める。[226] メディアを締め出す決定に対する中間上訴を禁止すれば、公判前の遅延は、少なくなる。[227] また、妥協案は、メディアの利益に優先する、被告人に対する妥当な敬意を表している。[228] カメラを許すにあたっての、適切とはいえない決定がもたらす「被告人への害」は、反対の決定がもたらす「一般の人々への害」よりは、一層大きいということについては、少数の人々は疑問に思っていた。一般の人々は、たとえ生《なま》放送が行われなかったとしても、裁判についてては、新聞やテレビなどによる報道で知るようになる。[229]
いく人かの人々は、プリント・メディアに味方し、放送を行う人々を冷遇することで、こうした論法に異議を唱えるのである。[230] この種の不服は、テキサス州のエステス事件[231]では、有効に論駁された。この事件において、裁判所は、「テレビとラジオの記者は、同等の特権を有する。また、すべての人々は、一般の人々と同じような権利を与えられる。ニュースの記者は、裁判所にタイプライターや印刷機を持ち込むことは、許されない」と論じた。

(226) D.C. Report, supra note 115, at 19-20.
(227) See D. C. Report, supra note 115, at 19 (citing In re Canon 3A(7), 9 Media L. Rep. (BNA) 1778, 1779 (Minn. 1983) and In re Canon 3A(7), 5 Media L. Rep. (BNA) 2609, 2611 (Nev. 1980).
(228) 前掲の第三節の二の2と四を参照されたい。
(229) See United States v. Kerley, 753 F. 2d 617, 620-21 (7th Cir. 1985); United States v. Hastings, 695 F. 2d 1278, 1280-82 (11th Cir. 1983);"Television in the Courtroom", supra note 17, at 42 (一般の人々は、新聞報道や法廷外で撮影することで、刑事訴追について、十分、知らされることになる。ジャーナリストは、常に、裁判についての最も細かい点までの、一部始終や出来事を、自由に伝えてきた。法廷からカメラを締め出しても、刑事訴追についての、一般の人々の「知る権利」を侵害することはない)。
(230) See Ares, supra note 50, at 175-78.

(231) Estes v. Texas, 381 U. S. 532, 540 (1965).

6　報道についての制限

裁判を報道する場合の「ゆがみ」は、放送においての重大な問題といえる。[232] いく人かの人々は、裁判が、最も楽しませるようなやり方で見せられることになるのを懸念する。[233] また、その他の人々は、フロリダ州のチャンドラー事件[234]でみられたように、放送をする者が、事件の一面のみを見せて、それによって、訴訟手続についての「一般の人々の理解」を、ゆがめてしまったり、さらに、「放送の教育的な価値」を、下げてしまうことなどを心配するのである。[235]

多くの裁判が長時間にわたることや、テレビの時間の価格が高いことを、知るならば、裁判を、全部、放送することについての要求は、たぶん、現実的とはいえなくなってくる。[236] 他方において、バランスのとれた報道の要求は、実際的であるし、また、適切である、ともいえる。疑いの余地なく、そうした制限は、プリント・メディアに対して適用した場合と同じように、たぶん、憲法違反になるかもしれない。しかしながら、二つのメディアの間での「影響の違い」[237]は、放送を行う者が、刑事裁判について「バランスのとれた公開を行う」という要件を、正当化することになる。

(232) See Tongue & Lintott, supra note 161, at 785 ; Gerbner, supra note 17.
(233) See Minn. Report, supra note 17, at 10（「ビデオやオーディオによる放送に反対する者は、放送するものを決めるにあたり、メディアは、扇情的で、しばしば、『みだら』とみられている一般の人々の興味、および、一つのテレビ（中略）、または、競争相手と比較された、ラジオの放送局の視聴率を高めることになるものと、ずっと多く、かかわり合うことになる、と考えるのである。」）
(234) 449 U. S. 560, 568 (1981).
(235) See "Television in the Courtroom", supra note 17, at 35-36（会議の議長のG・バラシュのステートメント）。Cotsirilos & Jenner, supra note 116, at 59（「無罪が認められて、社会に戻るだけになっていた被告人が、気の毒にも、チャンドラー事件で行われたように、かれの裁判の犯罪訴追についての主張の事実のみを表す部分を、見て、選択し、これが、編集されたことは同情に値する。」）See supra notes 126-127.
(236) See Jud. Conf. Rep, supra note 68, at 7（「経済的な考慮や時間の制約などのために、裁判の全部を、どこでもみれるように中継することはできない。その結果、裁判を選択して、視聴者の関心を十分に引きつけられる、裁判のきわ立った部分を、求めることになる。」）
(237) See supra notes 117-120.

放送を行うことのみに適用される「バランスのとれた報道」に関する要件は、メディアの規制についての「アメリカの制度」と無関係とはいえない。たとえば、連邦選挙法は、つぎのことを要求する。すなわち、「ライセンスをもつ者が、放送局を使用する官庁のために、法律上の資格を有する、希望する人に、許可を与えるならば、かれは、その官庁のための、その他の、希望する、すべての人々に対し、同一の機会を与えるようにする(中略)[238]。」そのような、同じ、時間と空間の規定は、新聞には求められない[239]。同じようにして、連邦通信委員会の「公正の原則」は、放送を行う者に、十分に、公の問題を伝えるようにすること、また、そのようにする場合には、反対についての意見の表明も提供することを求めている[240]。なお、この「公正の原則」は、一九五九年の「コミュニケーション法」の改正の際に、連邦議会の承認を得ることになった[241]。ところで、「公正の原則」は、プリント・メディアには、憲法上、適用できないかもしれない[242]。そのような規定は、二種類のメディアの間における違いを認めることになる。さらに、それに応じて、テレビの放送をする者による「バランスのとれた報道」を、確実に、もたらすために、比較的きびしいルールを定めるようになってゆく。

新聞とテレビの「本質的に異なる取扱い」を正当化するために、いくらかの理論が述べられている[243]。その「一つの理論」は、一定数の放送局のみが、与えられた時間に、有効に伝えることができる、というように、放送機関は、制限を受けた供給源である、ということである。このようなことから、放送について、特権をもつ少数の放送局が、重要な問題に関して、一般の人々に「かたよった見解」を与えないようにする保証をもたらすために、規制が課せられなければならないことになる。[244] 主張された「二つ目の理論」は、放送を行うものは、「公の受託者」であり、また、「高度の忠実義務を負う者」であるところから、一般の人々の利益の下で、管理されるようにしなければならない、というものである。[245] 規制についての「第三番目の正当化事由」は、「影響力」の命題として知られている。これは、テレビによるメッセージが「潜在的な影響力」をもっているために、視聴者の理性の働きを徐々に害することができる、という内容のものである。また、メッセージを読めば、それを、一層、信じさせるような気にさせてしまう。[246] 最後に、若干の裁判所では、ある点では、「とらわれの視聴者」になっているテレビの視聴者を保護する必要上、制限を正当とする。[247] このような理由づけは、テレビのセットが家庭に置かれていて、しかも、そのような場所では、テレビの視聴者の「プライバシーの利益」が、特に重んじられるところから、「強められる規制」は、放送用の題材が適切であることの保証が必要となってくる、という主張と密接に関係することになる。[248]

(238) The Communications Act of 1934 § 315, 47 U. S. C. § 315(a) (1982).
(239) See Bollinger, supra note 117, at 272-75.
(240) See Red Lion Broadcasting v. FCC, 395 U. S. 367, 378-79 (1969).
また、See Bollinger, supra note 117, at 274-75 ; Zimmerman, supra note 56, at 642-43.

(241)　See 47 U. S. C. § 315(a) (1982).

(242)　See Miami Herald Publishing Co. v. Tornillo, 418 U. S. 241 (1974). (新聞の批評に答えるために、政治の志望者に同一のスペースを与えるフロリダ州の法律は、自由な報道に関する、連邦憲法修正第一条による保障を、侵害することになる)。一般的に、See Barrow, The Fairness Doctrine : A Double Standard for Electronic and Print Media, 26 Hasting L. J. 659, 665-91 (1975).

(243)　一般的に、See Bollinger, supra note 117.

(244)　See Red Lion Broadcasting v. FCC, 395 U. S. 367, 400 (1969) (「物的な不足」についての理由づけを採用する)。しかし、See Bollinger, supra note 117, at 273 (「(ざら紙や金属活字、それに、同種のものなどの) 特別の形式のコミュニケーションのための、新聞や雑誌によって使用された、これらのすべてのものを含みながら、すべてのものが、不足している。」) (原文における強調)。

(245)　See Red Lion, 395 U. S. at 383, 389-90.

(246)　See Banzhaff v. FCC. 405 F. 2d 1082, 1100-01 & n. 77 (D. C. Cir. 1968), cert. denied, 396 U. S. 842 (1969). 一般的に、See Bollinger, Elitism, the Masses and the Meaning of the First Amendment, in Constitutional Government in America 99 (R. Collins ed. 1980) (すべてのメディアの中で、テレビが、「最も多くの視聴者」に「最も大きな影響」を与えることになるのではないか、と思う点に、とくに、言及する)。

(247)　See FCC v. Pacifica Found., 438 U. S. 726, 748 (1978); Columbia Broadcasting Sys. v. Democratic Natl. Comm., 412 U. S. 94, 127 (1973).

(248)　Pacifica, 438 U. S. at 749 & n. 27.

「バランスのとれた報道」に関する規定は、放送を行う者に、被告人と検察官の両者の主張を示すようにすることを、求めなければならない。それは、選挙法によってテレビに課せられたような、報道の際に、「厳密な意味での同一の時間」を要求する必要はないのである。[249]というのは、この点は、裁判所における訴訟手続では、実行できないことが証明されているからである。たとえば、特定の証人の証言が、最終的に、どちら側に利益をもたらすのかについては、放送を行う者は、わからないかもしれない。しかも、放送を行う者は、被告人を映し出す時間の長さを知らないまま、検察官による事件に対して、何分ぐらいの時間をあてるかについて、決めなければならなくなってくる。それにもかかわらず、「バランスのとれた報道」についての「一般的な要件」は、刑事裁判に関する「最もひどいゆがみ」をなくすのには役に立っている、といえる。「裁判の公正」を危険にさらし、また、一般の人々に対して、「裁判のプロセスを理解させる機会を最小限に押える」などのことができるのが、この「ゆがみ」なのである。

(249) See supra note 238.

7　技術についての原則

法廷におけるカメラによって引き起される「身体的な混乱」に限界を設けることをねらっ

たさまざまなルールを、州は、考え出してきた。もっとも、特定の要件は、州ごとに異なる。けれども、これらの技術にかかわるルールは、メディアのアクセスに関する検討の際には、ほとんど議論されることはない。テレビ中継される裁判について、「実験的な試み」を行ってきた州からの報告は、そのようなルールが、「気の散らし」を最小限に押えるのに役立ち、その結果、「公正な裁判」をもたらすのが、一層、都合良くなったことが知られるようになっている。[250]

技術の原則の例としては、つぎのような事柄が含まれる。すなわち、(1)公判の間、カメラのレンズを変えることは許されない。(2)所定の時間内に、法廷に、一台だけのカメラを置く「メディアの共同管理」を求める。(3)訴訟手続のために、衣服を上手に着せることのできるカメラ係りの人を必要とする。(4)放送局を確認することができるような、放送を行う者の「カメラ」や「衣服」についての「しるし」は禁止される。ほとんど、すべての州は、「身体の混乱」を最小限に押えるように立案された技術に関する同じような「一連のルール」を有する。[251]州の第一審裁判官委員会の全国会議の議長を務めたマレー・リヒテル裁判官は、裁判を電子で放送するための「モデルのルール」を起草する責任を負わされた[252]が、訴訟手続の間中、ずっと、放送を行う者は、法廷内に留まる、という「追加された要件」に賛成している。「もしも、陪審員が、行ったり、来たりする、かれらの姿を見るならば、かれらは、裁判のうちの一部分が、他の部分よりも、もっと重要である、という、強い印象を与えかねないために、わたくしは、留まることを、かれらに望む（中略）[253]。」

(250) たとえば、See Fla. Report supra note 6, at 18; Minn. Report, supra note 17, at 6-7.

(251) たとえば、See Ariz. Code of Judicial Conduct Canon 3A(7)(n)-(s)(1985); Conn Code of Judicial Conduct Canon 3A(7A)(9)(1986); Iowa Code of Judicial Conduct Canon 3A(7)(1985).

(252) See supra note 22.

(253) Reaves, Cameras in Court, 69 A. B. A. J. 1213 (1983).

二　一連の統一したガイドラインの長所

以下の第六節で示す「モデルのガイドライン」は、アメリカの、すべての州において、これを採用するだけの価値のあるもの、といわれている。その理由は、「モデルのガイドライン」が、法廷内の論争においての、カメラに伴う憲法上および政策上の「相反する利益」を正しく釣り合わせるだけにとどまらず、さらに、この分野での統一性自体が、価値のある目的となっていることによる。

民事訴訟の手続に適用されるルールとは著しく異なり、大多数の州によって一般的に受け入れられた、刑事訴訟の手続についての、そろいの「統一のルール」は、一九八五年の時点においては、存在していない。これに対して、一九七九年当時には、半数を上回る州が、連邦民事訴訟規則の制定の後に、これに似せて作った民事訴訟の規則をもつようになる[254]。その後、行動をともにしてこなかった、いくつかの州においても、連邦の規則の採用に向けての動きが、みられるようになってくる[255]。これに対して、連邦刑事訴訟規則は、一八の法領域でのみ、刑事訴訟の規則についての一つの「モデル」の役目を果した[256]。それにもかかわらず、この方面においては、努力がなされてきている。「統一州法」に関するコミッショナーの全国会議（NCCUSL）は、一九七四年に、刑事訴訟についての「統一規則」を採択した[257]。「その規約の中で述べられたように、全国会議の目的は、統一性が好ましく、また、実行が可能であるとおもわれた、すべてのテーマについて、州法の中で、統一性を促進させることにある[258]」。とは言っても、会議で採択された刑事訴訟の規則のセットが、ただちに、テレビ中継された裁判の問題と取り組んだわけではない。「モデルの規則」の中での「放送」に関する唯一の言及は、第七一四条の(e)項で見られる。その条項では、「非公開の裁判」の訴訟手続についてのサウンドとビジュアルのレコーディングは、裁判後に、おおっぴらに、見せることができる、と規定する[259]。アメリカ法律協会やアメリカ法律家協会などのような、その他のグループは、また、州の刑事訴訟の規則を改善してゆく努力の中で、草案の規程や規則、それに、規範などを公表してきたのである。[260]

(254) See Rowe, A Comment on the Federalism of the Federal Rules, 1979 Duke L. J. 843, 843 (citing C. Wright & F. Elliot, Federal Practice and Procedure : Interim Pamphlet to Jurisdiction and Related Matters §§ 9–9. 53 (1977)).

(255) *Id.* at 843.

(256) See R. Chapin, supra note 16, at 8. 統一刑事訴訟規則の長所についての、すぐれた検討に関しては、See *id.* at 17–19.

(257) Unif. R. Crim. P., 10 U. L. A. (1974).

(258) *Id.* at III.

(259) *Id.* at 319.

(260) See R. Chapin, supra note 16, at 7.

州の刑事裁判についての「カメラに対する一連の統一規則」では、三つの利点がみられる。第一に、規則は、「公正さ」を保証する。第二に、規則は、「裁判の能率」を上げる。第三に、規則は、各州間の境界線を越えて働く、これらの放送を行う者に「利益」を与える。連邦制が、おびやかされるかもしれない、という統一規則に対する主要な反対は、必ずしも、十分に利益よりまさっているとはいえない。また、注目しないわけにはゆかないものでもない、といわれている。

まず第一に、「統一の規則」は、起訴された人々を、州から州へ、一貫して扱うことによって、刑事裁判の公正さの保証に役立つ。[261]裁判の放送に関する訴訟手続についての「統一の規則」は、法廷の問題におけるカメラの可視性を高め、また、訴訟手続に安定性を与え、さらに、裁判所による恣意的な訴訟に関しての認識を排除するのに助けとなる。このほか、「統一の規則」は、えこひいきや腐敗、それに、ある部分だけの不利益などのことを防止するのにも効果を発揮する。[262]

第二に、テレビ中継される裁判を管理する、一連の規則の採用は、裁判の能率を高める。解釈付きの一組の州のガイドラインだけで、最高裁判所やその他の上訴の裁判所は、連邦憲法修正第一条や同第六条、それに、同第一四条の要件に従わせることを、比較的容易に保証できる。[263]チャンドラー事件の「フロリダ州のガイドライン」がそうであったように、[264]もしも、最高裁判所が、一連の「統一の規則」を支持するならば、上訴は、かなり少なくなる。たとえば、自由裁量の権限を裁判官が悪用した、という主張のように、当事者は、依然として、規則の解釈や適用について、異議を申し立てられるのであるが、しかし、規則そのものの有効性を争うことは、もはや、できない。さらに、能率は、それぞれの州において高められてゆく。「統一のガイドライン」が、比較的多く、受け入れられるようになれば、法廷におけるカメラを考える州は、州独自の「実験的な試み」や「評価」を行う必要はなくなる。裁判所におけるカメラを考える、ほとんどすべての州は、「実験的な試み」や「その価値」に非常に長い時間をかけてきた。広範囲にわたる報告を行う州には、カリフォルニア州、フロリダ州、ハワイ州、ミネソタ州、ワシントン州、それに、ウイスコンシン州などが含まれる。ところで、それよりは、むしろ、「ガイドライン」を、うまく使用する、多くの州によって、「ガイドライン」が有効に機能している事実を、自信をもって言えることになる。

第三に、「統一の規則」は、放送を行う者に利益を提供する。ほとんどすべての州の「ガイドライン」は、訴訟手続上の要件や、設備を管理する技術に関する規則をも含む、いくつかの部分からなる規則でもって成り立っている。放送を行う、多くの者は、各州間のネットワークとなっていて、さまざまな州で放送される裁判に、次第に関心をもつようになってゆく。一九八五年当時の制度の下では、ネットワークは、テレビ中継を求めるに際しては、特定の州の「ガイドライン」を注意深く学ばなければならなかったのである。多様な設備の内訳が示されたならば、このことは、ある州では、決められた設備を使用し、また、他の州では、それとは異なる設備を使用することが必要になってくるかもしれない。さらに、「通知」の要件は、州から州へと著しく異なる。すなわち、放送を行う者が、テレビ中継の要望書をファイルしなければならない時間の範囲は、コロラド州(265)の、公判の一日前から、アイオワ州(266)

の、公判の一四日前、または、カリフォルニア州(267)の、公判の前の「適当な時間」まで、と多岐にわたっている。コネチカット州(268)では、少なくとも、公判の三日前までには通知することを必要としている。また、カンザス州(269)では、公判の一週間前までに、さらに、ネブラスカ州(270)では、公判の一〇日前までに、それぞれ、通知することを要求している。一連の「統一のガイドライン」は、放送局に一組の規則のみの習得を要求することで、これらの負担の軽減を計ることにしているのである。

(261) See R. Chapin, supra note 16, at 29.
(262) See *id*.
(263) See *id*. at 17 n. 73.
(264) See supra notes 30-40.
(265) Colo. Code of Judicial Conduct, Canon 3(A)(8), 7A Colo. Rev. Stat. (Supp. 1984)（暫定的な二年間の規定が、一九八三年に採択された）。
(266) Iowa Code of Judicial Conduct, Canon 3(A)(1984).
(267) 23 Cal. Civ. & Crim. Ct. R. 980(b)(1)(West 1981)(Supp. 1985).
(268) See Conn. Code of Judicial Conduct, Canon 3(A)(7A)(3)(1984).
(269) See Kan. Code of Judicial Conduct, Canon 3(A)(7)(1986).
(270) In re Media Coverage of Proceedings Before the Nebraska Supreme Court, slip op. at 3

(Neb. Oct. 1, 1982)(暫定的な一年間の規定)。

この「統一性」に対し、最も一般的に主張される異議は、「連邦制」をおびやかすことになる、というものである。「統一性」を課すことは、革新的なアプローチの発展のために「実験的な試み」を行う場所としての「州の価値」を少なくしてしまい、また、州の主要な責任となっている価値を踏みにじることになる、といえる。(271) 確かに、チャンドラー事件において、最高裁判所は、この領域での州の「実験的な試み」の価値を、はっきり、賞賛していた。(272)

(271) See R. Chapin, supra note 16, at 22(憲法の改正によって「統一」を課すことは、州の主権を破壊することになり、また、「連邦制」の基本原理をむしばむことにもなろう、という論法について述べている)。

(272) Chandler v. Florida, 449 U. S. 560, 578-79 (1981). See supra notes 35-40.

このような問題に対しては、二つの返答がみられる。その一は、「憲法の改正」あるいは「司法上の専断的な決定」によって規則を課すよりは、むしろ、州が、採択したり、または、拒否したりなどするほうが役に立つ、という理由のために、「連邦制」は、損なわれることがないのである。統一州法についての全国会議が配った「びら」は、会議で可決された「統一法」を、州が、採用したり、または、拒否したりなどするのは、まったく自由である、ことを明らかにする。いずれにせよ、解説者のいく人かは、「連邦制」は、「その有用性を乗り越えてしまった[273]」し、また、「改良された、全国の刑事裁判制度にとっては、有利な立場にあるとはいえないはずである」と論ずる。解説者のうちの一人は、つぎのように説明している。「刑事上、公訴を提起された人の権利を、公正な裁判のために保証するにあたり、連邦制が、非常にうまく機能してこなかったことの証拠は、ありあまるほどみられる。(中略)比較的初期の最高裁判所は、連邦制の限界を理解していた。また、不当な自白や違法な捜索、それに、協議の拒否などに対する『明白な保護』を被告人に与えていたのである。現在と将来の最高裁判所は、この分野では、継続した責任をもつことになる。つまり、『基本的な公正さ』は、全国的な基準を要求する。[274]」州の「実験的な試み」を奨励したい、とする最高裁判所の望みは、他の州で用いられた規則と同様の規則を採用する、情報にもとづいた州の決定を、非難することを意味しない。

その二は、チャンドラー事件の最高裁判所が、州の権利についてのアプローチを用い、しかも、「実験的な試み」に関する利益を賞賛した、という事実は、そのような事情が、異議の申立てを免れさせるようになることを意味するものではない。「実体的デュー・プロセス」の主張を認めないようにした耳にとっては、非常に心地よく聞こえる「州への裁判所の服従」は、州の刑事手続が、デュー・プロセスに違反した、という主張に対する「一つの返答」として述べられるときには、奇妙なことに、驚かされたようにおもえるわけである。「連邦制」についての、ブランダイス裁判官の、よく知られているステートメントを詳しく述べても(中略)、正当とするのに十分な理由は、ほとんどみられない、といわれる。[275] 実際上、チャンドラー事件の見解は、憲法上の権利を含む州の活動にかかわる裁判所の立場に一つの転換をもたらすことになった。バーガー裁判官の分析は、くり返される問題や公正な裁判の権利、それに、報道の権利などを含む、裁判所の以前の決定の中に組み入れられた分析的なもくろみからは、かなりそれることになる。デュー・プロセスの領域において、裁判所は、被告人の憲法上の権利を十分に保護する州の「ガイドライン」の受入れを、しばしば、拒否してきた。[276] 過去において、憲法上の権利が関係したとき、これらの権利の保護を保証するために、州が従わなければならない刑事手続に関する規則を裁判所は定めた。[277] このようなことから、裁判所は、不当な自白[278]や違法な捜索、[279] それに、協議の拒否[280]などに対する「明白な保護」を求めることにしたのである。憲法上の権利を含む状況におけるチャンドラー事件以前のアプローチに賛成する者は、この分野の「ガイドライン」の公表に対する裁判所の拒否への、一つの好ましい解決策として、「統一性」を適切な方法でもって見るようにしている。

た立場について述べている)。

(273) R. Chapin, supra note 16, at 23-24（「統一性」についての、いく人かの賛成者によってとられた立場について述べている)。

(274) Dubnoff, Publicity and Due Process in Criminal Proceedings, 92 Pol. Sci. Q. 89, 108 (1977).

(275) Ares, supra note 50, at 159.（注は省略)。

(276) Comment, supra note 35, at 325, 326 n. 72.

(277) See Dubnoff, supra note 274, at 89（「ウォーレン・コートを取り巻く論争の多くは、刑事手続に関する規則を、連邦政府の支配下におくことについての自発性におかれることになる。」）Comment, supra note 35, at 326（「そのために、チャンドラー事件は、さまざまな州の裁判所によって、潜在的には、放送を行う者と被告人とを、等しく、自由裁量による調和の欠けた扱いにさらしていたように思われる。憲法上のアクセス権を承認しないで、裁判所は、電子メディアが、法廷のドアの中に、その一歩を踏み入れることを許したが、しかし、裁判を放送する手順とか保護などを進めてゆくにあたり、州が統一的に続けてゆく基礎を築くことはしなかった。複雑な技術や州が課すデュー・プロセスの保護を引き合いに出すことで、裁判所は、州への、この責任の転嫁を正当化する。少なくとも、後者については、州への、そのような信頼を支持するのは、まったく不適切であると、以前の最高裁判所の判決によってみられている。」)（注は省略)。

(278) See Miranda v. Arizona, 384 U.S. 436 (1966).

(279) See Mapp v. Ohio, 367 U. S. 643 (1961).

(280) See Gideon v. Wainright, 372 U. S. 335 (1963).

第五節　総　括

アメリカでは、これまで、刑事裁判のテレビ中継を許す州の数に「著しい増加」がみられるようになってきている。最高裁判所は、このような進展に対しては、支持を与えてこなかった。とはいえ、こうしたことが起ることについては、容認してきた。しかしながら、連邦の刑事裁判のテレビ中継に対する、相変わらず現存する「連邦の禁止の線」に沿った、「裁判所の気乗りのしない姿勢」は、裁判の関係者やメディア、それに、一般の人々などのさまざまな憲法上および政策上の利益を調整することに関する「適切な方法」については、ガイダンスなしに、州にまかせてきていた。その結果、放送を許すようにしている州が多くあるのと同じぐらいに、「ガイダンス」でも、多くの変化がみられる。そのために、「統一性」が必要とされる。一方において、連邦憲法修正第一条にもとづいたテレビについてのアクセス権のないこと、および、他方において、裁判の公正を害し、また、裁判の関係者や陪審員などの「プライバシーの利益」を侵害するという、放送のもつ潜在的な能力のために、裁判のテレビ中継を許す州は、一度に、あまりにも多くの自由をメディアに与えないように、よく気をつけなければならない、ことが示唆されている。第六節で提示される「モデルのガイドライン」は、「相反する利益」の間で妥当なバランスを保つように計画されているために、刑事裁判のテレビ報道を、許したり、あるいは、実験的に試みたりしている州によって考慮される価値は十分にある、といわれる。

第六節　モデルのガイドライン

いつのときでも、裁判官は、① 裁判所の訴訟手続でとられる行動を管理し、② 裁判所での礼儀正しさを保証し、また、裁判の関係者の気持ちの乱れを防ぎ、さらに、③ 係争中の事件の公正な裁判の運営を確保する権限を有する。この、州の裁判所の公開裁判の訴訟手続についての電子メディアおよびスチール写真による報道は、(——の) 最高裁判所により採用された「行動と技術に関する基準」にしたがうときには、許される。

一　定　義

これらの規則の中で用いられる「裁判所の訴訟手続」または「訴訟手続」には、第一審裁判所または上訴裁判所の、すべての公開の裁判や審理、あるいは、その他の訴訟手続を含むことになる。これらの「訴訟手続」に対しては、特別に締め出された人々を除いて、「拡大された「メディアの報道」が求められる。

「拡大されたメディアの報道」には、一般の人々に対し、ニュースを、集めたり、また、広めたりなどするために、裁判所の訴訟手続についての、ラジオ放送やテレビ中継や電子録音、それに、写真撮影などが含まれる。

「裁判官」とは、下位裁判所の裁判官、地方裁判所の陪席裁判官、または、第一審裁判所の訴訟手続を統轄する地方裁判所の裁判官、あるいは、上訴審の訴訟手続の裁判長または裁判官を意味する。

二　報道を認める基準

1　「拡大されたメディアの報道」を、許可したり、または、拒否したりなどする自由裁量を、裁判官は、有する。そのような決定を行うにあたり、裁判官は、つぎの事柄を考慮しなければならない。

1　「拡大されたメディアの報道」が、公正な裁判に対する当事者の権利を妨害するについて、合理的な可能性があるのかどうか。

2　「拡大されたメディアの報道」が、裁判所での厳粛さや荘重さ、さらには、礼儀正しさなどを、不当に、損ねることについて、合理的な可能性があるのかどうか[281]。

2　(——の)州の法律により、内密に行うことが義務づけられている裁判所の訴訟手続については、「拡大されたメディアの報道」は、存在しない。なお、その上、訴訟記録に関する同意が、(未成年の子供の親、または、後見人を含む)当事者のすべてから得られなければ、性犯罪、少年事件の訴訟手続、婚姻の解消、養子縁組、子の監護、証拠排除の申立て、警察への情報の提供者、秘密捜査官、それに、企業秘密などを含む事件の場合には、そのような報道は、許されない[282]。

(281)　州の類似の規定については、たとえば、Alaska Code of Judicial Conduct Canon 3A(7)(a) in Alaska Rules of Court (1985); Ariz. Code of Judicial Conduct Canon 3A(7)(b) in Ariz. Rules of Court (1985); Colo. Code of Judicial Conduct Canon 3A(8)(b) in Colo. Court Rules (1984) (temporary); Ohio Code of Judicial Conduct Canon 3A(7)(c)(ii) in Ohio Rules of Court (1986); Okla. Code of Judicial Conduct Canon 3A(7)(b) in Okla. Court Rules and Porcedure (1985-86); Tenn. Code of Judicial Conduct Canon 3A(7)(c) in Tenn. Rules of Court (1985).

(282)　See supra notes 183-209. 州の類似の規定については、たとえば、In re Arkansas Bar Assn., 271 Ark. 358, 362-65, 609 S. W. 2d 28, 30-31 (1980), modified, In re Modification of Code of Judicial Conduct Relating to Broadcasting & Photographing Court Proceedings, 275 Ark. 495, 628 S. W. 2d 573 (1982); Conn. Code of Judicial Conduct Canon 3A(7A)(4) in Conn. Rules of

Court (1986); Iowa Code of Judicial Conduct Canon 3A(7)2(d) in Iowa Rules of Court (1985); N. C. Code of Judicial Conduct Canon 3A(7)(2)(b & c) in N. C. Rules of Court (1985) (temporary).

三　連　絡

裁判所の事務局長は、関係する事柄の円滑な働きを保証するために、メディアの代表者と「コミュニケーション」と「連絡」を保つようにする。[283]

(283)　たとえば、Hawaii Code of Judicial Conduct 19.1(e) in Rules of Court: The Judiciary of Hawaii (1983); Iowa Code of Judicial Conduct Canon 3A(7)3(a) in Iowa Rules of Court (1985); Tenn. Code of Judicial Conduct Canon 3A(7), Media Guidelines 3 & 4 in Tenn. Rules of Court (1985).

四　「拡大されたメディアの報道」についての制限

1　訴訟手続について、「拡大されたメディアによる報道」を行う許可が与えられても、つぎの場合には、「拡大されたメディアによる報道」を行うことはできない。

1　弁護士と訴訟の依頼人または共同の弁護士との間のコミュニケーション
2　裁判官席での協議
3　裁判官室での審理
4　上訴の訴訟手続における裁判官の間でのコミュニケーション
5　予備尋問手続を含め、どのようなときでも、陪審の人々[284]
6　陪審の不在のところで行われる審理

2　あらかじめ、裁判官に反対の意思表示をする証人は、カメラによって写真を撮られることはない。また、このような証人の証言は、ラジオで放送されることも、テレビで中継されることもない[285]。

3　休憩の間、または、第一審の裁判官がいない場合や統轄していない場合などのような、その他のときには、「拡大されたメディアによる放送」は、法廷内では、行われない。

(284)　たとえば、See Conn. Code of Judicial Conduct 3A(7A)(6 & 7), in Conn. Rules of Court (1986); Hawaii Code of Judicial Conduct 19.1(g)(2 & 3), in Rules of Court; The Judiciary of Hawaii (1983); Iowa Code of Judicial Conduct Canon 3A(7)2(e & f) in Iowa Rules of Court (1985); In re Canon 3A(7), 9 Media L. Rptr. 1778, 1779 (Minn. 1984). また、See supra notes 166–182.

(285)　たとえば、See Ga. Code of Judicial Conduct Canon 3A(7)(c)(ii), in Ga Court Rules and Procedure (1986); Kan. Rules Relating to Judicial Conduct Canon 3A(7)(c)(ii) in Kan. Court Rules and Procedure (1986); Md. Court Rules and Judicial Canons Rule 1209(e)(i)(1984); In re Canon 3A(7), 9 Media L. Rptr. 1778, 1779 (Minn. 1984); Ohio Code of Judicial Conduct Canon 3A(7)(c)(iii) in Ohio Rules of Court (1986); Okla. Code of Judicial Conduct Canon 3A(7)(c) in Okla. Court Rules and Procedure (1985–86).

五　「拡大されたメディアの報道」についての制限を課す権限

「拡大されたメディアによる報道」を許可するにあたり、裁判官は、裁判所の威厳を守り、また、訴訟の当事者や証人、それに、陪審員を保護するために、必要とされる制限または制約を課すことができる。また、裁判官は、つぎのような事実を認定するときには、いつでも、「拡大されたメディアによる報道」をやめさせることができる。

1　このような事態を考慮して定められた規則、または、裁判官の課す追加の規則が破られること。あるいは、

2　もしも、続けるのを許すならば、そのような報道によって、「個々の関係者の本質的な権利」または「公正な裁判に対する権利」が侵害されること。(286)

(286) たとえば、See Colo. Code of Judicial Conduct Canon 3A (8) (b) in Colo. Court Rules (1984); Iowa Code of Judicial Conduct Canon 3A (7) 2 (h) in Iowa Rules of Court (1985).

六　訴訟手続

1　許可や通知に対する事前の要請

「拡大されたメディアによる法廷における報道」に対する許可の要請には、正当とされる理由を述べることを必要とする。もしも、時間を短縮したり、または、延長したりなどする裁判所の命令がなければ、予定された訴訟手続の始まる、少なくとも、一〇日前に、書面で行う。訴訟記録に関係する弁護士は、時間を短縮したり、または、延長したりなどする裁判所の命令がなければ、予定された訴訟手続の始まる、少なくとも、七日前に、裁判所事務官ないしは裁判所書記官より通知を受ける。裁判官の書面による許可は、訴訟手続に関する裁判記録の一部を構成する。(287)

2　異　議

「拡大されたメディアによる報道」に反対する訴訟手続に関しては、訴訟手続の開始される、少なくとも、三日前に、当事者は、それについての理由を述べながら、書面の方法で異議の申立てを行う。すべての証人は、証言についての「拡大されたメディアによる報道」に「反対する権利」を、証言を提出する弁護士より知らされる。また、異議は、すべて、訴訟手続が開始される前に、その手続を行わなければならない。

すべての異議は、訴訟手続が開始される前に、裁判官によって聞き入れられ、また、それについての判断が下される。裁判官は、自由裁量にもとづいて、異議の申立てを行う時間を、拡大したり、また、縮小したりなどすることができる。刑事事件の被告人は、テレビ中継を許す決定に対しては、直ちに、「上訴する権利」が与えられる。[288]

(287)　たとえば、See Iowa Code of Judicial Conduct Canon 3A(7)3(b) in Iowa Rules of Court (1985). また、See supra notes 210-213.

(288)　See Iowa Code of Judicial Conduct Canon 3A(7)3(c) in Iowa Rules of Court (1985). また、See supra notes 214-229.

七　報道についての制限

1　映画フィルムやビデオテープや写真、それに、オーディオの複製品は、広告の目的の

ために使用してはならない。

2　テレビによる放送を行う者は、検察官側と被告人側について、バランスのとれた報道を行うようにしなければならない。

3　裁判所における訴訟手続についての、報道の間に、または、報道によって、生み出された映画フィルムやビデオテープやスチール写真、それに、オーディオの複製品は、いかなるものでも、このことから生じた訴訟手続、あるいは、このような訴訟手続の再度の正式の事実審理または上訴のために、または、それらにもとづいて、続いて起る、または、付随する、訴訟手続においては、証拠として認められない。[289]

(289)　See In re Canon 3A (7), 9 Media L. Rptr. 1778, 1781 (Minn. 1984). また、See supra notes 232–238.

八　メディアの関係者

メディアの代表者は、法廷での礼儀正しさ、ならびに、荘重さと調和する方法で行動することになる。この点については、つぎのような行動がとられる。

1　メディアの代表者は、訴訟手続の荘重さに合わせるようにして手ぎわよく出廷する。

2　関係者は、かかわりのある人間またはテレビのネットワークについての、「しるし」あるいは「証明になるもの」が付けられた「衣服」を着てはならない。確認のためのマーク、コールサイン、ロゴス、シンボル、それに、レジェンドは、設備のすべてにおいて、見えないようにしておかなければならない。

3　メディアの代表者は、訴訟手続が行われている間は、裁判所の施設内を動きまわってはならない。(290)

〔解　説〕

メディアの関係者を、陪審が、間違って裁判所の職員と思ってしまうほどに、法廷におけるメディアの関係者の出席や存在が、誤解を与えることになるかもしれない、と裁判官が信ずるならば、裁判官は、陪審に対して、かれらが、正式な方法で裁判所とかかわり合っていない事実を知らせなければならない。

(290)　たとえば、See Cal. Civ. & Crim. Ct. R. 980(b)(3)(West 1979); Colo. Code of Judicial Conduct Canon 3A(8)(e)(III) in Colo. Court Rules (1984); Iowa Code of Judicial Conduct Canon 3A(7)4(e & f) in Iowa Rules of Court (1985); Md. Court Rules and Judicial Canons Rule 1209(f)(10)(1984); In re Canon 3A(7), 9 Media L. Rptr. 1778, 1780 (Minn. 1984); Pa. Code of Judicial Conduct Canon 3A(7)(c)(i) in Pa. Rules of Court (1986).

九　設　備

「拡大されたメディアによる報道」は、つぎのような条件のもとでのみ行われる。

1　設備についての明細事項

設備は、ひどく目立つものであってはならない。また、気を散らせるような音を出さないようにしなければならない。なお、このような設備は、つぎの基準を満たさなければならない。

1　テレビ・カメラと関連する設備

(1)　多くて一人の人間によって操作される、多くて一台のポータブル・テレビ・カメラ〔映画フィルム・カメラ――（自動防音された）映画フィルムの一六ミリ・サウンドまたはビデオ・テープ電子カメラ〕は、第一審の裁判所の訴訟手続で許される。

(2)　テレビ・カメラは、設計され、また、変更されなければならないために、裁判所における訴訟手続の関係者は、レコーディングの行われるときを決定することはできない。

(3)　テレビ・カメラの構成部分ではない、レコーディングや放送のための設備は、可能な場合には、法廷の外に置くようにする。

(4) カメラを操作する者は、訴訟手続が行われている間じゅうは、ずっと、一箇所のみにとどまるようにしなければならない。

(5) どのような種類の「人工による照明の装置」もテレビ・カメラに接続させて使用することは許されない。

2 オーディオ

裁判所のオーディオ・システムは、技術的にうまくゆくのであれば、使用されることになる。なお、この場合、メディアは、システムについての裁判所における使用を、妨害しないことを請け合わなければならない。裁判所のシステムが、技術的に適切でなければ、その際には、オーディオ・レコーディングのすべては、メディアの費用によって、メディアが取り付けた一台のオーディオ・システムにもとづいて行われる。マイクロホンと関連する配線は、すべて、ひどく目立つものであってはならない。また、法廷内の人々の動きを邪魔してはならない。弁護士や裁判官が使用するマイクロホンは、スイッチの「入り」と「切り」の用意をしておく。可能な場合には、電子オーディオ・レコーディングの設備と操作を担当する人は、法廷の外に置かれることになる。

3 スチール・カメラ

写真は、すべて、ひどく目立つことのない三脚と多くて二台のスチール・カメラを使用する、一人のスチール写真を撮る人によって撮られる。写真を撮る人は、訴訟手続の行われている間じゅう、ずっと、一箇所のみにとどまるようにしなければならない。そのようなスチール・カメラの設備は、35ミリ・ライカ「M」シリーズ・レンジファインダー・カメラよりも大きな音や光を出してはいけない。また、どのような種類の「人工による照明の装置」も、スチール・カメラに接続させて使用することは許されない。

4　照　明

訴訟手続の行われている間は、映画用の照明やフラッシュのアタッチメント、または、照明の突然の変更は、認められない。照明の設備の変更または増加については、裁判官の許可を必要とする。

5　シグナルの操作

目に見える、または、聞こえる、光あるいはシグナル（印のつけられた光）は、どのような設備にも使用してはならない。

6　陪審を含む訴訟手続の場合、設備および関係者のすべては、訴訟手続の全部の期間、現在していなければならない。

7　利用を考えた設備が、ここで述べられた音や光についての基準を満たしている事実を、訴訟手続に先立って、裁判官に、十分に説明するのは、メディアの関係者の義務である。設備に対する「事前の裁判上の承認」を得ておかないと、訴訟手続でそれを使用することはできない。

8　設備は、すべて、決められた場所に置くようにする。また、裁判所が、命令によって呼び出す時刻の一五分前には検査を受けなければならない。さらに、裁判官が指示した、ひどく目立つことのない場所か、あるいは、隠れた場所に置かれることになる。

9　「拡大されたメディアによる報道」と関係のある設備は、日日の訴訟手続の開始前、または、閉廷後、あるいは、休憩中を除いて、法廷内に置かれることも、また、法廷内から運び出されることもない。テレビのフィルムやマガジン、それに、ビデオ・カセットも、さらには、スチール・カメラのフィルムまたはレンズも、いずれも、訴訟手続中は、休憩中を除いては、法廷内で取り替えることはできない。(291)

2　共同利用についての協定

メディアは、もっぱら、前記の一で明らかにした、「拡大されたメディアによる報道」のそれぞれの種類の事柄を行うために、一人のメディアの代表者を任命する。また、法廷の外の決められた場所で、公開による公平な配分の計画をたてる責任を負う。もしも、これらの双方のことについて協定を結べなければ、そのときには、「拡大されたメディアによる報道」はない、ことになる。裁判官も、また、それ以外の裁判所の関係者も、ともに、このような関係の中で起る紛争については解決を求められることはない[292]。

(291) See In re Arkansas Bar Assn., 271 Ark. 358, 363-64, 609 S. W. 2d 28, 31 (1980); Cal. Civ. & Crim. Ct. R. 980(b)(3)(West 1979); Colo. Code of Judicial Conduct Canon 3A(8)(e)(I) in Colo. Court Rules (1984); Conn. Code of Judicial Conduct 3A(7A)(9-11) in Conn. Rules of Court (1986); Iowa Code of Judicial Conduct Canon 3A(7)4(a & b) in Iowa Rules of Court (1985); Md. Court Rules and Judicial Canons Rule 1209(f)(1984); Okla. Code of Judicial Conduct Canon 3A(7)(f) in Okla. Court Rules and Procedure (1985-86); Tenn. Code of Judicial Conduct Canon 3A(7), Media Guidelines 3-10 in Tenn. Rules of Court (1985). また、See supra notes 250-253.

(292) たとえば、See Conn. Code of Judicial Conduct Canon 3A(7A)(12) in Conn. Rules of Court (1986); Fla. Code of Judicial Conduct Canon 3A(7), Standards of Conduct and Technology 1 (d) in Fla. Rules of Court (1984); Hawaii Code of Judicial Conduct 19.1(h)(4) in Rules of the Court: The Judiciary of Hawaii (1983); In re Canon 3A(7), 9 Media L. Rptr. 1778, 1780 (Minn.

1984); N. C. Code of Judicial Conduct Canon 3A(7)(5)(d) in N. C. Rules of Court (1985); Or. Code of Judicial Conduct Canon 3A(8)(a)(iv)(1983) (temporary).

十　メディアの代表者の同意

要請を行い、裁判所における訴訟手続をカバーする許可を与えられる者は、すべて、このような方法によりながら、その条項に従うことに同意する。(293)

(293) See In re Canon 3A(7), 5 Media L. Rep. 2494, 2496 (Alaska 1979).

第三章　カナダのテレビ報道

第一節　過去の事情

一　概　説

カナダ放送協会のテレビのクルーが、オスグッド・ホールの法廷から出てきた裁判の関係者を撮影したことに対して、カナダの有名な法律家が、一九七五年に、公然と非難したことがあった。この出来事を極めて腹だたしいものと感じた、オンタリオ州最高裁判所のG・A・ゲール首席裁判官は、クルーに対して、「その行動が、司法の運営に妨害を与える事実を十分に理解できた」との理由から、廊下および裁判所の庁舎から離れるよう命じた。[1]

（1）　G. Gale, The Problem of Television in the Courtrooms (1974), 8 Law Soc'y of U. C. Gaz. 4 at 4.

裁判所の内部ならびにその構内における、ニュース・カメラの存在についてのカナダの情勢は、一九七〇年代の終りまでは、変化がみられないで硬直したままであった。しかも、最も悪いことに、論争が、まったくみられないのである。カナダでは、すべての法廷において、ニュースまたはスチール・カメラによる公表やその他の方法を用いることができない「包括的な禁止」が存在した。このような禁止に注意を払わないでいると、「侮辱に関する法律」によって痛めつけられる可能性があった。前述のゲール首席裁判官の言葉によれば、カナダの司法部から永久に非難される状態にあった、といえる。

このような情勢の中で、ダルハウジー・ロー・スクールのローン・H・アブゴーは、一九七九年に、つぎのような見通しを、立てている。

「しかし、今から、四年後には――おそらく、それよりは、もっと早くに、あるいは、ことによると、もっと後で――テレビのニュース・カメラが、オスグッド・ホールの荘厳な円形の大広間の上に現われるであろう。しかも、そのときには、すべての指示に従いながら、放送事業は、裁判所の課す、報道を管理するための制限のみに服して、公判の訴訟手続をカバーするアクセスの方法を、妨害されないで確立してゆくもの、と思われる。過去の三年間に、アメリカ合衆国で広まった、テレビの禁止に対する批判的な反応の高まりが、カナダの法社会に、なんらの痕跡を残さないで、盛り上がりながら、おさまってゆく、と考えるのは、率直にいって、あまりにも単純すぎる。

一九七六年のソローザノ事件[2]や一九七七年のザモラ事件[3]などのようなアメリカ合衆国の最近の事件に照らし合わせてみれば、テレビの事業が、全時間制を基礎に、国の法廷の入口に到達しつつあるのは明らか、といえる。このことが、ひとたび行われるならば、（もっとも、アメリカの一四の州では、既に許可が与えられているが[4]）テレビ中継される民事や刑事の裁判は、アメリカ人にとっては第二の天性となるであろう。このことは、北アメリカの報道の性質からみれば、カナダ人に対しても、同じように、第二の天性となるにちがいない。公判や上訴の事件についてのアメリカのネットワーク放送に、カナダ人が、すみやかに、ダイヤルを合わせせられるということは、裁判による解決に言及する前に、この国では、問題は、事実上、うまく処理できることになる、といえる。そのために、テレビ中継される裁判所の訴訟手続の到来や裁判での追究の結果などに関心を寄せるカナダ人は、電子メディアと裁判所の間で、あらかじめ、最高の調和を保つための準備をしておかなければならない[5]。」

（2） State v. Solorzano, (1976), 92 Nev. 144 ; 546 P. 2d 1295.

（3） State v. Zamora, (1977), No. 77-25123-A (Dade County Cir. Ct.).

（4） テレビ中継される裁判所での訴訟手続を許したり、また、このような問題についての「実験的な試み」を行うアメリカの州は、つぎのとおりである。コロラド州、フロリダ州、ケンタッキー州、ミネソタ州、モンタナ州、ニュー・ハンプシャー州、オハイオ州、ウイスコンシン州、ネバダ州、それに、ワシントン州。

(5) Lorne H. Abugov, Televising Court Trials in Canada : We Stand on Guard for a Legal Apocalypse (1979) 5 Dalhousie L. J. 694 at 694-95.

右のような見解を明らかにしながら、アブゴーは、法律上の「ある種の急激な変化」が国境の南で猛威をふるっているときには、カナダの裁判所は、何もしないで無関心の態度をとりつづけることはできない、との立場をとる。ゲール首席裁判官が、オンタリオ州の裁判官に向かって呼びかけた、一九七四年には、訴訟手続の「公正さ」や「荘重さ」、それに、「完全な状態」などをあいまいにさせてしまう、との理由から、テレビのカメラは、法廷の内部では認められないであろう、という、幾分、自信のある見解に対して、ひとりよがりとも言えるような反対の態度をとることは、ほとんど不可能な状態にあった。今日では、そのような見解は、アメリカ合衆国では、経験的に検討が加えられてきて、ほとんど例外なしに、説得力のないことが理解されている。

このようなわけで、法律の関係者に対し、「探りを入れるような目」をアメリカでの発展に向けさせる、という「南への関心」を強調するものが、カナダでみられるようになった点が注目される。強調点は、法廷内のカメラが、「公正な裁判を受ける被告人の権利」に本来的に逆らうことにはならない、というメディアの主張が、アメリカの弁護士や裁判官によって日常的に認められていることにある。いずれにせよ、一連の提案された「ガイドライン」によって現実の法廷内のカメラが、裁判の進路を妨げる「歓迎されざる邪魔者」ではなく、「ありふれた出来事」に属するものである、と理解される日がくるときには、カナダの裁判所でも、「使用の可能なもの」として持ち出されることになろう、との推測がなされていた。(6)

(6) L. H. Abugov, supra note 5, at 696.

二　カナダにおけるガイドラインの提示

「全時間制」または「実験的な試み」にもとづいて、法廷内でテレビ・カメラを使用している、一九七九年当時の、アメリカの一四の州あるいはそれ以上の州についていえば、アメリカのアラバマ州は、訴訟手続に関しては、最も実用的なルールを考案していた、といわれる。もっとも、カナダの裁判所の制度と緊密につなぎ合わせるためには、アラバマ州の「裁判官についての倫理綱領」の綱領3A(7A)(7)の若干の箇所を手直しする必要があった。けれども、カナダの法廷でのニュース・カメラの規制の点では、すばらしい出発点を与えるものである、とみられていた。とは言っても、アラバマ州のプランは、カナダの法廷の状況やテレビの操作にとって完璧に適していたわけではない。しかしながら、それは、テレビ中継される裁判所における訴訟手続の、カナダでの実行の可能な体制として、心に描けるものと、はるかにかけ離れてはいない、広範囲にわたる計画を表わしていた、といえる。

作り直されたプランは、つぎのことを定める。

「第一審の裁判官は、自由裁量権を正しく行使しながら、公判またはその他の裁判の審理の間、法廷において、ラジオの放送をしたり、テレビによる中継をしたり、レコーディングをしたり、また、写真を撮ったりなどのことを、正式に認めることができる。

(a)　ただし、それは、その州の最高裁判所が、写真の撮影やレコーディング、あるいは、ラジオまたはテレビによる放送が行われる、『法廷に関するプラン』を正式に認可したならば、ということになる。『正式に認可されたプラン』は、そのような訴訟手続についての写真の撮影やレコーディング、あるいは、ラジオまたはテレビによる放送が、裁判所における訴訟手続の荘重さを減少させたり、また、証言を行うことから証人の気持ちをそらせてしまったり、さらに、裁判所の体面を傷つけたり、その他、公正な裁判の達成を妨げたりなどしないことを保証するための保護方法を明らかにする。また、プランは、カメラや照明や電線、それに、送信装置などを設置できる場所とか、メディアの関係者の動きの範囲を含めるが、しかし、これに限定されることなく、その他の細目についても説明してゆくのである。このようなプランに対する最高裁判所の正式の認可に先だって、公判の裁判長や検察官や地方の弁護士会の会長、それに、裁判のテレビ中継を要求するメディアのグループの中で指名を受けた人などによって署名された申立書が、最高裁判所に提出される。

(b)　さらに、刑事事件の訴訟手続であれば、写真の撮影やレコーディング、あるいは、ラジオまたはテレビによる放送が行われている間、出廷している被告人のすべては、司法長官の代理を務める検察官と同じように、写真の撮影やレコーディング、あるいは、テレビまたはラジオによる放送に対し、書面によって同意を与えることに賛成しなければならない。

しかしながら、証言を行う証人や証言を行う未成年の証人の親または後見人、または、陪審員や訴訟の当事者、さらには、弁護士などが、写真の撮影やレコーディング、あるいは、テレビまたはラジオによる放送に、明白に、反対するときには、裁判官は、いつでも、直ちに、写真の撮影やレコーディング、あるいは、テレビまたはラジオによる放送を、一時的に、停止させたり、また、全面的に、終わらせるようにする。」

(7)　(1976), 37 Ala. Law. 11 at 16-7.

アメリカのアラバマ州の最高裁判所の賛成を得ることができ、同様に、また、カナダの裁判所によっても認められるとおもわれる、細目にわたる計画の一例は、ニュース報道の問題

について、つぎのような引用を含んでいる。(8)

「第一審の裁判官は、以下の条件に従いながら、公判またはその他の裁判の審理の間、法廷において、ニュースの目的のために（以下では、『メディアによる報道』として引合いに出す）、ラジオ放送をしたり、テレビ中継をしたり、レコーディングをしたり、または、写真の撮影をしたりなどするのを許すことができる。

(A)　正当な資格を有するメディアの代表者は、公判またはその結果に先立って、陪審のいないところで、ラジオ放送をしたり、テレビの中継をしたり、レコーディングをしたり、あるいは、写真の撮影をしたりなどのことを願う同様の要請をタイムリーに行う。また、その要請の際には、ラジオ放送をしたり、テレビ中継をしたり、レコーディングをしたり、さらに、写真の撮影をしたりなどする、公判の特別の結果または一般的な結果を明記する。

(B)　第一審の裁判官は、その要請を承諾できる場合には、それぞれの訴訟の依頼人に連絡する、という『追加の要請』を行いながら、当事者すべてのもののために、その要請を弁護士に知らせるようにする。要請されたメディアの報道に対する、弁護士と訴訟の当事者の『全員の同意』は、その目的のために準備された用紙に、各人が署名する、という書面の方法がとられる。証人の証言が、メディアによって報道されるのを望むのであれば、その証人の同意も、また、書面の方法で得られるようにしておかなければならない。陪審についても、同意を得るようにしておかなければならないが、この点は訴訟記録の一部となる。

(C)　訴訟の当事者または証人が、未成年の場合には、訴訟の当事者または証人の同意、および、その者の親または後見人の同意は、書面の方法で得られるようにしておかなければならない。訴訟の当事者または証人が、一八歳以下の者の場合には、ここで用いられる「訴訟の当事者」または「証人」には、両親あるいは後見人を含む。ただし、未成年者の場合には、未成年に関する法律上の無能力状態がなくなれば、未成年者は、自ら同意を与えることができる。

(D)　陪審員や訴訟の当事者や刑事事件の被告人、それに、証人は、裁判官に通知して、報道の中止を求めたり、あるいは、自身の同意を撤回できる。この場合には、裁判官は、メディアの写真やレコーディングによる報道の中止を命ずる。

(E)　ひとたび与えられた同意、拒否された同意、または、撤回された同意は、ニュース・メディアのすべてに対し、平等に適用される。すなわち、同意は、一つのタイプのメディアにのみ、与えたり、拒否したり、または、撤回したりなどすることはできない。ほかの異なるタイプのメディアにも、与えたり、拒否したり、または、撤回したりなどすることができる。

(F)　メディアの報道が、公判の秩序正しい進行を妨害したり、あるいは、混乱を招いたりなどするときは、第一審の裁判官は、自らの自由裁量にもとづいて、そのようなメディアの報道を中止させることができる。

(G)　このプランの中に含まれる事柄は、それとの関連で、カメラまたは電子の設備を使用しないで、メモをとったり、あるいは、スケッチをしたりなどの方法を用いるニュース記者による、公判の報道を締め出すもの、と解釈してはならない。そのような記者は、一般の人々の中の一人として考えられる。

(H)　陪審が、評決の答申を行うまでは、メディアの報道の間じゅう、陪審員や証人、それに、訴訟の当事者にインタビューすることは許されない。

(I)　ニュース・メディアは、少年事件についての訴訟手続、または、犯罪少年に関する、要求や審問や答弁、それに、審理などを報道できない。

(J)　メディアの報道の対象となっている事柄を報道するメディアの人々は、混乱を、すべて、避けるようにする。また、その事柄を報道するときには、裁判所の指示する場所にとどまらなければならない。

(K)　多くて二人のスチール・カメラマンと二人のテレビのカメラマンは、裁判所の開廷中は、対象の事柄の報道を許される。これらのものは、できるだけ、座ったままでいなければならない。法廷の大きさや安全性、それに、満席の状態などを考慮して、裁判所は、メディアの報道を制限できる。また、メディアの報道の要請に関して優先順位を考慮する。必要な場合には、メディアは、報道をプールできる。」

（8）　L. H. Abugov, supra note 5, at 725-26.

三　識者の意見

このような議論の余地のある手続にかかわる法律の分野では、確かに、従来、未解決のまま残されていた問題が、数多く存在していた、といえる。そこで、ダルハウジー・ロー・スクールのローン・H・アブゴーは、つぎのような疑問を投げかけるのである。

「アメリカの判例の分析の中でさえも、裁判所における訴訟手続のテレビによる報道に関する著しく目だつ欠陥を指摘している。いわゆる『実験的な試み』の状態が、もはや存在しなくなれば、明らかになるものは、なにもなくなるのであろうか。放送事業は、逆もどりするのであろうか。裁判を見せかけのものにし、また、娯楽の背後の、重要でない場所に追いやってしまう裁判制度という、極端に新しい要求をするつもりでいるのであろうか。また、疑いなくテレビを利用できる事件にはなり得ない、特別に異例な事件とは何であろうか。たとえば、強姦とか子の監護とか秘密捜査官などにかかわる事件なのであろうか。この点に関する、調査の可能なリストは、一見したところ、無限といえる。[9]」

ところで、エステス事件や綱領の3A(7)での主張のように、裁判のテレビ中継に賛成する流れに、不自然に逆らって事を進めるのは、堀に指をつっ込むことと似ている、といわれる。アメリカのフロリダ州やコロラド州、それに、ネバダ州のように、裁判所と法律家とメディアが協力して努力すれば、関係するすべての人々に対し、公正になるような、裁判所の訴訟手続についての「報道のプラン」を作り上げることができる、と主張されることになる。[10]第一審の裁判官の適切な監督とテレビ事業の共同出資された資源によって処理されれば、エステス事件で見られたような光景によって、法律の領域が、再び、暗くなる事態は、避けられるのではないか、とさえいわれる。[11]テレビ中継された裁判所の審理は、この世に住む人々の、十分に、手の届くところにあり、公正に、公平に、また、責任をもって行為する能力の範囲内に、十分ある、ことが明らかにされてきている。このようなわけで、法廷におけるテレビの使用に、賛成しなかったり、また、その使用を、広げないようにすることの、はっきりした理由は、アメリカだけではなく、カナダにおいても、また、みられない、といわれる。[12]

(9)　L. H. Abugov, supra note 5, at 726-27.
(10)　*Id.* at 727.

(11) *Id.*
(12) *Id.*

第二節　現在の事情

カナダにおける現在の事情については、二〇〇〇年度の三つの新聞記事でもって明らかにすることにしたい。

ザ・グローブ・アンド・メール（二〇〇〇年六月版）[13]（見出し）「武器やカメラ、それに、レコーディング装置は、厳禁である」。「裁判にズーム・イン」。法廷内のカメラが訴訟手続をゆがめるという非難は、根拠のないものである、とカナダ放送局のイアン・ハノマンシング記者は言う。禁止に対する正当な理由はない。

「アメリカの南カリフォルニアでの異様な殺人事件の裁判が、カナダの裁判制度に、これほどまで、長い影を投げかけることができたことを、だれが想像できたであろうか。けれども、O・J・シンプソンに対する無罪放免から、五年が経過しても、カメラと法廷が結びつけられていない証拠として、この国では、弁護士と裁判官によって、かれの事件が、引合いに出され続けているのである。

証拠の評価にあたり、いつも、注意を払ってきている人々が、その国でさえも、疑問の余地のある係わりといえる、外国の裁判を当てにする、ということは当惑させられてしまう。とくに、はるかに、よりふさわしい、実例が、かれらの目の前で展開されているときにはである。すなわち、王立カナダ騎馬警察隊への苦情申立て委員会のヒヤリングが、一九九七年のエイペック（アジア太平洋経済協力閣僚会議）のサミットのときに行われている。

シンプソン事件とこのエイペックのときの話の間には、いくつかの『重要な類似点』がみられる。両者は、ともに、万人周知の、強烈な輝きをもった状態の中で、テレビによる劇的な生《なま》の放送によって、開始された。また、両者は、重要な問題、すなわち、殺人や人種、それに、シンプソン事件での警察の腐敗、さらには、エイペックでの言論の自由や警察の主張、それに、政治上の違法行為などを扱っていた。さらに、両者は、時々、手続を、生《なま》で放送するために、また、何十というニュース・ストーリーの場面を提供するのに用いられた、一個の『ちらちらしないテレビのカメラ』によって見せたのである。しかしながら、その『類似性』は、カメラの影響が、手続にもたらされるときには、はっきり終ることになる。

まず、はじめに、シンプソン事件の裁判の場合には、弁護士のうちの、若干の人々でさえもが、カメラに対して芝居をしたことを認めている。また、いく人かの証人は、人目にさらされた強烈な監視状態のために、おびえさせられてしまった。さらに、生《なま》のテレビ放送によって感情を燃えたたせられてしまった、と感じた証人もみられた。しかし、エイペックの折には、一ダース以上の弁護士がおり、また、一〇〇人以上もの証人がいたけれども、同じようなことが起った、という一片の証拠さえも存在しなかったのである。

審理のとき、わたくしは、異議を申し立てた人や警察、それに、委員会自体などを代表する最も古参の六名の弁護士に、カメラが、弁護士や証人に、どのような影響を与えたとおもったか、について尋ねてみた。六名のものは、全員、かれらの行動やかれらの仲間の弁護士の行動、あるいは、証人がもたらした証拠などに、なんらの変化もみられなかったことについて、その意見が一致していたのである。

これは、驚くべきことといえる。おそらく、カメラの批評家の最大の関心事は、テレビの報道が、裁判所または法廷の仕事を妨害しながら、弁護士や証人に異なった行為をさせることに向けられる。けれども、この審理の場合では、裁判の関係者の多くが、一般の人々に、強く認識させることになっても、批評家の心配には、なんらの根拠がなかったことになった、というのは注目に値する。

第二に、オブザーバーのうちの、いく人かの人々は、シンプソン裁判における裁判官は、コントロールを失っていた、と述べる一方において、かれらは、責められるべきは、カメラであって、裁判官ではない、と憶断していた。しかし、エイペックでは、メディアによる報道とはかかわりなしに、コミッショナーが、いかに正しく、ヒヤリングの状況を調整できたか、を明らかにしている。エイペックの最初のヒヤリングの間の、ある朝は、三人のコミッショナーに対する、偏見についての陳述を行って終了した。このとき、異議の申立てを行った者のうちの、二人は、ヒヤリング室の壁のところで、冒瀆的な言葉を吐きながら、木製の棒を用いて人を突いたのである。コミッショナーが、棒を用いて人を突くような行為を止めるように求めたとき、異議の申立てを行った者は、これを拒否して、ヒヤリングを停止させようとした。そのとき、いく人かの人々は、異議の申立てを行った者は、カメラがあるためにスタンドプレーをしたのだ、とつぶやいていた。

しかし、二回目のヒヤリングが始まったとき、新しいコミッショナーのテッド・ヒューズは、無秩序や無礼を黙認しないことを明らかにした。わたくしがインタビューした弁護士たちは、カメラが置かれていた間、暴力的な行為による事件に近いようなことをも含めて、再び起らないという点での意見の一致はみられなかった、と述べていた。

第三に、エイペックの場合には、メディアは、視聴者を「くすぐり」や「非常に下品なこと」で楽しませることだけでカメラによるアクセスを欲していた、との推定を反ばくしている。これらの形容詞は、シンプソン事件の場合には、あてはまるかもしれない。しかし、エイペックのヒヤリングにおいては、確実にそうである、とは言えない。さまざまなテレビの放送局やネットワークなどで使われた、かなりの費用は、少なくとも、カナダでは、ニュースのディレクターが、実際に、ニュースにもとづく放送の決定を行っていたことの『なごり』であるといってよい。

第四に、ヒヤリングの内部でカメラを持つことについての、肯定的な側面の、すべてが存在する。たとえ、批判の騒音の中で、重要な事柄が失われてしまったとしても、それは、シンプソン裁判でも、また、真実といえた。しかし、エイペックともども、カメラが、多くの点で有益であったことは疑いがない。

それは、メディアの報道を、一層、正確なものにした。だれかが述べたことを、寸分の違いもなく作り直そうとする、ジャーナリストによって、通例、もたらされる裁判中に起る記者の群れは、なにもなくなった。正確なことは、言葉にまさるのである。証人が、神経質そうに、また、怒っているように、さらには、言い逃れしているように、みえたことを、視聴者に語る代りに、かれらは、場面を見たり、また、自身で決断することができる。それから、カメラの批評家は、テレビの映像が、事実の前後とは関係なしに使用されるときは、その本質をゆがめることができることを心配する。これに対しては、エイペックの報道は、その背景の中で使用されるときには、テレビの映像が、いかに強烈に、その本質を描き出せるかを立証していたのである。

カメラは、また、単調な一次元の反訳記録以上に満足のゆく訴訟手続についての裁判記録を作り出せる。法律の講義をする教授が、証人を反対尋問する方法（および、その事件に対して、反対尋問をしない方法）についての、非常にすぐれた事例を、もしも、学生に見せたいと思うならば、授業が生き生きしてくるような場面がある。コミッショナーが、いろいろな証人または弁護士を、いかに公正に扱ったか、についての討論の機会があれば、ビデオは、その証言の中で、余す所なく、完全に、しかも、生き生きと、表現することになる。

シンプソン事件の裁判とは異なり、エイペックが、特例というわけではない。カナダでは、多くの、その他の重要なテレビ中継される公聴会がある。しかし、そのような場合でも、多くの弁護士や裁判官の心配は、現実のものにはならなかった。しかも、カナダの最高裁判所がある。この裁判所は、その最高のプロフィールをもつ訴訟手続のいくつかにおいて、テレビの放送を許してきた。いくらかの予言に反して、裁判官室の堂々たる屋根は、変わることなしに、いつもの決まった場所で見ることができる。

カナダのヒヤリングの場所と法廷では、カメラを許すときがきたのであろうか。法ならびに裁判のコミュニティーの抵抗に会ったならば、それは、論争を起す問題を、あとに残すことになろう。

裁判所で、弁護士は、しばしば、『最良証拠』のみを考慮しなければならない、と主張する。しかも、かれらは、この論争では、同じ基準を必要とする。」

（13）The Globe and Mail, June, 2000. イアン・ハノマンシングは、カナダ放送局のテレビ部門の全国ニュース担当記者である。

ナショナル・ポスト（二〇〇〇年七月一九日（水曜日）版）[14]（見出し）〔カナダ〕「ブリティッシュ・コロンビア州の裁判官が、朝鮮人の裁判のために、裁判所でカメラを許す。いくつかの訴訟手続のためだけである。」（イアン・ベーリー記者とクレーグ・マッキンズ記者による）。

「ビクトリア（ブリティッシュ・コロンビア州〔カナダの太平洋岸の州〕の州都）・ブリティッシュ・コロンビア州の最高裁判所の裁判官は、裁判所に対する、メディアによるアクセスのための、画期的な出来事として迎えられた判決の中で、裁判所での訴訟手続のいくつかにおいて、ビデオの映像や写真、それに、レコードなどに収めることを、ジャーナリストに許すようにした。

昨日のロナルド・マッキンノン裁判官の判決は、昨年の夏に、中国人の移民をカナダに密入国させた罪で起訴された、九人の朝鮮人の裁判で、カナダ人が、その『最終弁論』と『陪審に対する説示』の場面を見ることができるようにした。

カナダの裁判所では、カメラのクルーは、ごく稀にしか許されてこなかった。昨日の判決は、裁判所での訴訟手続に対する、一層大きなアクセスのための議論を前進させるにあたり、確実に助けになるにちがいなかったのである。

カメラは、カナダの最高裁判所では、許されるようになってきていた。また、カメラは、一定の基準にもとづいて、オンタリオ州やニューファンドランド州やマニトバ州、それに、アルバータ州などのその他の裁判所でも、許されてきていたのである。もっとも、カメラは、どのような州でも、首尾一貫して、許されてきているわけではない。

カナダ放送協会とザ・ビクトリア・タイムズ＝コロニストの要望に答えて、マッキンノン裁判官は、ブリティッシュ・コロンビア州では、カメラを裁判所から締め出す成文法のない事実を、口頭の判決の中で述べていた。

『現代の科学技術を法廷から締め出す根拠は、なにも、ない』と、かれは、裁判所で語った。『社会の出来事を、より一層、正確に表現することを、明確に示した、設備の導入を許すべき時期が、今や、到来した。』

ブリティッシュ・コロンビア州の最高裁判所を退官した、元裁判官のロイド・マッケンジーは、同種の事件を審理しているブリティッシュ・コロンビア州の、ほかの裁判官も、メディアによる同じようなアクセスを許すかもしれない、と述べていた。『それは、人を引きつけることについて、いくらかの効果を、もっているにちがいない』と、彼は語った。

しかし、マッケンジー氏は、マッキンノン裁判官が、証人または陪審の構成員のレコーディングあるいは写真を締め出すことで、問題の中の、最も扱いにくい部分に向かっていったことを指摘した。

その理由として、ブリティッシュ・コロンビア大学ロー・スクールのリズ・エディンガー副学部長は、マッキンノン裁判官の判決を『妥当な妥協』と称した。

昨日の判決は、カナダのジャーナリストを代表する協会によっても熱烈な支持を受けた。『裁判が行われるのを知られるようにしなければならない、とわれわれが思うならば、当然のことであって、しかも、一つの有益な方法である、といえる』と、約一、四〇〇人の会員を有する、カナダ・ジャーナリスト協会のロブ・クリブ副会長は言った。

カナダ放送協会の古参の法律顧問のダニエル・ヘンリーは、トロントから、その判決は、『カメラが、カナダの第一審の裁判所で、一つの場所を得たことを、多くのカナダ人に周知させる、非常に重要な判決である』と語っていた。

二人の被告人の弁護士のジョン・オーマンは、その判決を『重要な先例』である、と言った。

ほかの弁護士と同じように、オーマン氏は、カメラには反対していた。しかし、安全に対する、かれの心配がなくなったために、かれは、裁判官の判決により納得させられることになった、と述べている。

マッキンノン裁判官は、カメラは、公判の一部分だけについての報道を与えたにすぎない、との理由から、カメラを締め出すべきである、という議論を認めなかったのである。『ニュースのアウトレットは、裁判所での訴訟手続のほとんど完全といえるものを知らせるのではない』という点を、かれは、とくに、言及していた。」

(14) National Post, Wednesday, July 19, 2000. なお、記事は、同じ日付で、ザ・バンクーバー・サン (The Vancouver Sun) にも掲載されている。

ナショナル・ポスト(二〇〇〇年七月二七日(木曜日)版)[15](見出し)〔カナダ〕「テレビ・カメラは、ブリティッシュ・コロンビア州の裁判所で歴史を作る。法律の中には、科学技術を締め出す根拠はない、と裁判官は言う。」(イアン・ベーリー記者による)。

「ビクトリア(ブリティッシュ・コロンビア州〔カナダの太平洋岸の州〕の州都)・中国人の移民を密入国させた罪で起訴された、九人の朝鮮人の裁判を、カメラで撮影するのを許す、『昨日の草分け的な措置』は、法廷内でテレビを許すことについて、ブリティッシュ・コロンビア州を超えた要請を引き出すものと思われる。

ブリティッシュ・コロンビア州の司法長官は、訴訟手続をビデオテープや写真、それに、テープなどにとることのメディアの要請を処理するために、現在、裁判所のすべての能力を評価するようにしている、とリチャード・マクキャンドレス長官代理補は述べていた。『われわれは計画を立てなければならない』、とかれは言った。『事の成就を容易にする方法を準備しなければならないが、そのためには、われわれは、警戒を怠ってはならない。』

カメラは、カナダの最高裁判所では許されてきていた。また、以前の『特定の規準』にもとづいて、オンタリオ州やニューファンドランド州やマニトバ州、それに、アルバータ州などの裁判所でも許されていたのである。ブリティッシュ・コロンビア州の最高裁判所のロナルド・マッキンノン裁判官は、かれの法廷での昨日の公開を、カナダ放送協会のラジオ記者であるメアリー・グリフィンの申立てにもとづく、自身の好意的な判決によって促された『ユニークな実験的試み』と呼んでいる。

『現代の科学技術を法廷から締め出せる根拠は、法律の中には、なにもない』とマッキンノン裁判官は指摘している。

判決は、地域を超えた裁判所に対する、放送による、一層大きなアクセスを許すための、事件の支援を期待したもの、と受けとられた。

『地域を超えたニュース・アウトレットは、ブリティッシュ・コロンビア州の「実験的な試み」を考えるようにしている、とわたくしは思う』とカナダ・ジャーナリスト協会のロバート・クリブ副会長は述べていた。『これが、もしも、うまくゆくならば、あなたがたは、放送ジャーナリストからの別の要求を知るようになろう。』

ブリティッシュ・コロンビア州の最高裁判所のスポークスマンである、ロイド・マッケンジー氏は、裁判官は、また、事件を綿密に見るようにしている、と語った。裁判官が、自らの裁判所に対して、速やかに、その門戸を開放するであろうかについては疑問である、とマッケンジー氏は述べていた。とはいえ、マッキンノン裁判官の二〇頁にもおよぶ判決は、『説得力のある効果』をもつことができた。

マクキャンドレス氏は、『わたくしは、マッキンノン裁判官の判決文を読んで、それが説得力のあるものであることを知った』点を、とくに、指摘している。

昨日、一人のテレビのカメラマンが、九人の朝鮮人に対する、密入国をさせた公訴事実についての陳述の「最終弁論」を録画した。また、ラジオの放送局への供給も行われた。カナダ放送協会の申立てに対し、仲間のビクトリア・タイムズ＝コロニスト新聞社の一人の写真の担当者が、審理の模様を写真に撮ることを許された。

船の、船長と乗組員が、船長と乗組員の家族を殺すと言っておどした中国人の殺し屋によって、一三一人の移住者をカナダへ船で運ぶことを強要された、と被告人側は主張した。船長の三六歳のチョン・アン・キムは、被告人側のために証言した。

マッキンノン裁判官は、「重々しさ」が、「実験的な試み」の鍵である、と述べている。『刑事の法領域の裁判所では、人々が期待を寄せる「立派な心」と「重々しさ」をもって、正しく行うことが重要である』と、かれは、語っていたのである。」

(15) National Post, Thursday, July 27, 2000.

第四章　デンマーク・フランス・ドイツのテレビ報道

第一節　デンマークのテレビ報道(16)

裁判長の許可がなければ、裁判所で写真を撮ることはできない。教育上の目的、または、犯罪予防の目的から、時々、撮影の許可が与えられることがある。(Marianne Søltoft に関する事件)

(16)　Martin Dockray, Courts On Television, (1988), 51 The Modern L. Rev. 593, 594.

第二節　フランスのテレビ報道(17)

訴訟手続が行われている間は、裁判所で写真を撮ることはできない。訴訟の当事者および検察官が同意するときには、訴訟手続の開始前に、裁判所の所長より、写真撮影の許可が与えられることがあり得る。二〇年間の公表の障害がみられる。その一方で、歴史的に重要な裁判については、レコーディングしておくことができる。(J. Cayol and S. Poillot-Peruzzetto に関する事件)

(17) See M. Dockray, supra note 16, at 594.

第三節　ドイツのテレビ報道

世間へのデモンストレーションや公表のために、写真撮影やテレビのレコーディングを行うことは、許されない。[18] (Stefan Heinzerling に関する事件)

最近のドイツでは、ホーネッカー事件[19]が注目を集めた。ベルリン地方裁判所の第二七刑事部の裁判長は、一九九二年一一月三日の命令によって、法廷内でのカメラ取材を、審理中か否かにかかわらず、全面的に禁止した。しかし、連邦憲法裁判所は、同年一一月一一日の仮命令[20]にもとづいて、この裁判長の禁止命令を覆し、「審理の開始前」の「法廷における被告人」に対するテレビによる撮影を認めただけではなく、さらに、一九九四年七月一四日の決定[21]でもって、裁判長の禁止命令にもとづいた「テレビ局の放送の自由に対する侵害」を確認したのである。

この事件の経緯は、つぎのようになる。ホーネッカー元東ドイツ国家評議会議長をはじめとする、六人の旧東ドイツの国家および共産党の指導者らに対する刑事裁判には、全国的な注目が集まった。この裁判に対しては、ドイツ国営ZDFテレビを含む、一三の放送局が、テレビ・カメラを用いて、法廷内の被告人らの動静を「映像」と「音声」の両面から、全国的に報道することを計画した。ドイツでも、「裁判の公開」は、裁判所構成法第一六九条によって保障されている。しかし、ラジオやテレビによる放送の収録ならびに審理の内容を公然と放映または公表することを目的とした録音や録画は、同条の但書によって認められていない。放送局側は、審理の内容にはあたらない、「公判の開始前や終了後」、それに、「公判の休憩中」に限って、放送局のすべてを代表する、一組のカメラ・チームが、被告人が在廷する法廷の模様を撮影するのを許可してもらいたい旨を裁判所に申し入れた。

しかし、ベルリン地方裁判所の第二七刑事部の裁判長は、一九九二年一一月三日に、裁判所構成法第一七六条[22]にもとづく「法廷警察上の命令」を発して、「公判外の時間」であっても、法廷内においては、映像についての撮影や音声の収録は、一切、禁止されることの通告を行った。放送局側は、この裁判長の命令は、基本法第五条一項二文[23]によって保障された「放送の自由」を、侵害することになる、と主張して、反撃に出た。連邦憲法裁判所に憲法上の異議の申立てを行いながら、期日の迫っている公判において、暫定的に撮影が認められるように、連邦憲法裁判所法第三二条にもとづいた「仮命令」を発するように求めたのである。このような動きに対して、裁判長は、法廷警察上の命令を修正して、「第一回の公判期日」に限って、「公判の開始前」の「約五分間」、放送局側の代表カメラチームが法廷内に入ることを、許可した。

この放送局側の申立てを受けて、連邦憲法裁判所は、第一回の公判期日の前日に、「仮命令」を発した。連邦憲法裁判所は、第二七刑事部の裁判長に対して、以後のすべての公判期日について、「公判の開始前」および「それの終了後」の「適切な時間内」において、「被告人らの在廷中を含め」て、放送局側の代表カメラ・チームが、法廷内の撮影を許されるのに必要な「命令」を発することを命じた。この結果、法廷内の被告人らの動静が、「公判外の時間」に限って、テレビで全国に伝えられることになったのである。

この事件の「本案の決定」は、一九九四年七月一四日に言い渡された。連邦憲法裁判所は、この事件の「憲法上の異議」を適法と認める一方において、「申立人らの主張」をも受け入れながら、第二七刑事部の裁判長の「命令」が、基本法第五条一項二文において保障された「放送の自由」を侵害するものであることを確認する判決を言い渡した。この一九九四年の連邦憲法裁判所の決定の「憲法の判例としての意義」は、連邦憲法裁判所が、放送の自由についての保護領域を、はじめて、明確に定めたこと、また、それによって、放送の自由についての保護が、法廷内のテレビ・カメラによる取材にもおよぶとされたこと、さらには、先行する仮命令とともに、ホーネッカー事件のような政治的にも歴史的にも意義のある刑事裁判の場合には、裁判長は、一般の人々の関心に応えるために、審理の開始前の法廷における被告人についてのテレビによる撮影も認められなければならない、としたことにある、といわれている。(24)

(18) See M. Dockray, supra note 16, at 594.

(19) 一九九四年七月一四日連邦憲法裁判所第一法廷決定（連邦憲法裁判所・判例集九一巻一二五頁以下）BVerfGE 91, 125, Beschluß v. 14. 7. 1994. 鈴木秀美「法廷内テレビ・カメラ取材と放送の自由――ドイツの憲法判例を素材に――」『法と情報』刊行企画委員会編『法と情報――石村善治先生古稀記念論集』（一九九七年（平成九年））二二一―四六頁、宮地基「法廷におけるテレビ撮影と放送の自由」ドイツ憲法判例研究会編『ドイツの最新憲法判例』（一九九九年（平成一一年））一三二―三八頁。

(20) BVerfGE 87, 334.

(21) BVerfGE 91, 125.

(22) 「法廷における秩序の維持は、裁判長の責務である」とされる。

(23) 基本法第五条一項二文は、「プレスの自由、ならびに、放送およびフィルムによる報道の自由は、これを保障する」と定める。

(24) 鈴木・前掲書二三三頁参照。

第五章　イギリスのテレビ報道

第一節　概　説

イングランドとウェールズにおける裁判所の訴訟手続の場合には、テレビでの録音・録画をすることも、また、テレビで見せることもできない。これは、一九二五年の議会において、写真を撮ることを、いかなる裁判所においても、一九二五年の「刑事裁判法」の「第四一条」により、犯罪とする、としたことによる[1]。

（1） See Re St. Andrew's (Consist. Ct.)〔1977〕3 W. L. R. 286. また、See Barber v. Lloyd's Underwriters〔1987〕1Q. B. 103.

この点は、法廷における訴訟手続をテレビで中継するについての、唯一の法律上の障害ではない。たとえ、法律上の、はっきりした犯罪ではなかったとしても、訴訟手続を写真に撮ったり、また、テレビで中継することは、状況の、いくらかの際には、裁判所に対する「侮辱」となるのである。一九二五年四月三日に、イングランドのヨークシャー州中部の都市リーズのアサイズ（裁判）で、ブランソン裁判官は、イングランドのヨークシャー州南西部の都市ブラッドフォードにおける、週の比較的早い時期に行われた、殺人事件の裁判の間に撮られた写真のことに言及した。一九二五年四月四日版のロンドンの新聞の「ザ・タイムズ」は、そのような行為が続いたならば、それは、「裁判所に対する侮辱」として扱われ、裁判になり、その結果、処罰されることになろう、と述べたと報じている。(2)イギリスの裁判所は、また、訴訟手続の際の行動をコントロールする一般的な権限（これは、必ずしも、厳密に定義されているわけではない）を主張する。このような権限を行使するにあたり、(3)裁判所は、審理の間、カメラが持ち出されることを許さないようにすることができた。(4)しかしながら、「一九二五年法」の「第四一条」の「総括的な性質」は、裁判所におけるテレビによる報道に対しては、極めて重大な障害となるのである。

(2)　ホッジソン裁判官が、オールド・ベイリー（ロンドンの中央刑事裁判所）で行った、同じようなステートメントについてのレポートに対しては、See The Independent, January 24, 1987.

(3)　See H. C. Deb., Vol. 188, col. 837 and 844, November 20, 1925〔Criminal Justice Bill-Report〕. 裁判所でのスケッチを禁止する裁判所の命令が、過去において、確かに行われたことがあった。Report of the Royal Commission on Divorce, 1912, para. 515 ; H. E. Fenn, ("The Senior

Reporter"), Thirty-five Years in the Divorce Court, (Werner Laurie, undated), 105-106, 288. 一九二五年の法律以前には、ロンドンの警察裁判所のいくつかにおいては、裁判所で写真を撮ることを禁止する告示を出していた。Minute, February 26, 1923, D. P. P., to the U. S of S., Home Office, preserved at the P. R. O., L. C. O. 2/775.

（4） 裁判所の訴訟手続を見る人の、公に認められた「出席権」(Scott v. Scott〔1913〕A. C. 417) は、必ずしも、「写真を撮る権利」をもたらさない。しかも、アメリカの連邦最高裁判所の判決にならっていた、イギリスの裁判所が、一般の人々のために、ニュース・メディアが、訴訟手続を撮影する「コモン・ロー上の権利」を有することを理解するのは、考えられないことといえた。Nixon v. Warner (1977) 435 U. S. 589 ; U. S. v. Hastings (1983) 695 F. 2d 1278, cert. denied (1984) 103 S. Ct. 2094 ; U. S. v. Kerley (1984) 753 F. 2d 617 ; U. S. v. Edwards (1986) F. 2d 1293.

裁判官の一人の最も適切な言葉によれば、法律の制定は、「ほとんどコミカル[5]」とみられていた。その言葉は、その実態を述べるにあたり、慈善的な方法となる、といえる。極めて、そっけなく言うならば、法律の制定に際しての、いくつかの特徴点は、道理に合わない、のである。すべての裁判所に対して、また、すべてのタイプの訴訟手続に対して、禁止を適用しなければならないというのは、不合理以外のなにものでもない。しかも、何人も、これまでに、禁止を放棄する権限をもたなかった。さらに、裁判所自身ならびに事件に関与したすべての人々が、そうすることを望んでいる事件であっても、裁判所におけるテレビ・カメラを許す権限をもたない、ということも、また、道理に合わなくなってくる。最も悪いことには、訴訟手続をテレビ中継することを許すことについての「有利な点」と「不利な点」に関して、慎重な検討を加えた後に、ルールが作られたわけではなかったために、不合理さがみられることになる。「一九二五年法」の「第四一条」は、新聞にスチール写真を掲載することの禁止に、そのねらいを定めていた、とみられている。テレビもビデオも、ともに、一九二五年当時には、実際に、手に入れることはできなかった。そうであったとしても、立法は、スチール写真に限らずに、視覚の映像についての化学的な再生と同じように、映画のフィルムや電子に対しても、また、向けられる、というのが、今日における、より優れた見解となっている。(6) そのため、第四一条の起源を調べ、また、イギリスの裁判所の仕事をテレビで中継することの一般的な禁止のメリットをみてゆく必要がある。第四一条は、「条項は、一つの実験的な試みである」というテーマに対する議会の結論を意味するものとはいえなかった。(7)

（5） Lord Phillimore, H. L. Deb., Vol. 62, Col. 1032.
（6） Dockray, (1958) 6 Jo. Media Law & Practice 244 and (1985) 135 N. L. J. 1254 ; Re St. Andrew's, Barber v. Lloyd's Underwriters, above ; Interpretation Act 1978, S. 6.
（7） Sir Wm. Joynson-Hicks, Home Secretary, H. C. Deb., Vol. 188, col. 849.

第二節　歴　史

裁判所における「写真の禁止」についての歴史は、はっきりしていない。やみに包まれている。アメリカ合衆国の場合には、同じような禁止は、[8] リンドバーグの幼児を誘拐して殺害したことによる「ブルーノ・ハウプトマンに対する裁判[9]」のときの報道機関の行為へのリアクションに起因するものであった、といわれている。[10] これに対して、イギリスの場合には、「一九二五年法」の「第四一条」に対する、同じような「直接的で明瞭な原因」は見当らない。[11]

（8）　裁判についての、テレビによる報道を、はっきり禁止するために、アメリカの大多数の州は、アメリカ法律家協会が定めた裁判上の「綱領35」（一九三七年九月）を採用していた。同綱領は、一九五二年に改正された。フロリダ州の「チャンドラー事件」(Chandler v. Florida (1981) 449 U.S. 560) において、アメリカの連邦裁判所は、被告人に対する「明白な不利益」を明らかにすることができなかったならば、たとえ、被告人が反対したとしても、州は、刑事裁判の訴訟手続についての「テレビによる中継」を許すことができる旨を明言した。

（9）　一般的に、See Ludovic Kennedy, The Airman & the Carpenter, (Collins, 1985).

（10）　Kielbowicz (1979) 63 Judicature 14 ; Reimer (1985) 30 Villanova L. R. 1267.

（11）　ほかの法領域では、さまざまなルールを定めている。この点については、第三章のカナダ、および、第四章のデンマークやフランス、それに、ドイツなどのテレビ報道の説明を参照されたい。

禁止の起源は、多少、昔にはなるけれども、一九〇四年にまで、さかのぼることができる。この年に、デーリー・ミラーは、正式に写真を入れることにした「世界最初の新聞」となったのである。まもなく、新聞についての、この技術の発達が、裁判所を悩ましはじめることになる。その結果、一九一二年ごろには、訴訟手続に関する当事者の新聞の写真が、容易ならない反対を引き起すに至った。その年に、王立離婚委員会の一九一二年の報告書のパラグラフ五一五は、つぎのような示唆を与えている。

「離婚や結婚に関する事件にかかわりあうことになった、当事者や証人、または、その他の人々の、写真やスケッチにせよ、そうでないにせよ、これらから作り出された、いずれにせよ、絵で表現されたものを公表することは、許されるべきではないのである。」

王立委員会の右の示唆は、写真を押え込むための反対を展開してゆく、一つの目安としては、重要といえるけれども、委員会の報告は、必ずしも、ただちに、それに従った行動がみられたわけではなかった。また、一九〇六年八月九日と一九〇七年三月一二日に、ゴレル卿が行った「指示の結果」として、離婚部の部長が、離婚裁判所の内と外の双方で、写真を撮る場合には、委員会での報告のときには異常とされた、と思われる。[12] もっとも、刑事裁判所では、写真は、比較的一般的に撮られていた。たとえば、イギリスでは有名な裁判である、一九一〇年のH. H. Crippenの裁判のときには、ロンドンの中央警察裁判所の被告人席にいたCrippenとMiss Le Neveの写真を撮っている。[13]

しかし、禁止論者の人々の気持ちを刺激した第二の出来事が、一九一二年に起った。同年の三月一五日に、デーリー・ミラーは、バックニル裁判官が、エリザベス・バローを殺害したフレデリック・セッドンに死刑の判決を言い渡した日の、前日の、オールド・ベイリー（ロンドンの中央刑事裁判所）における光景のセンセーショナルな写真を公表したのである。

(12) Royal Commission, Report, 1912, para. 515.
(13) See Filson Young (ed.), The Trial of H. H. Crippen, Notable British Trials.

数年後に、ダーリング卿は、セッドンの写真が与えたショックについて語っている。

「数時間前に、『ひどくいやな事件』があった。そのときに、死刑の判決を言い渡している裁判官の写真が、オールド・ベイリーで撮られたのである。その写真は、公表された。その事件で、裁判官にとって、ひどくいやで、また、すべての人々にとっても、ひどくいやで、さらに、最もショッキングなことは、写真が撮られたこと、あるいは、公表されたことであった。[14]」

ダーリング卿は、セッドンの上訴審の審理に自身も加わっていたのである。

イギリスの議会の下院において、その出来事、ならびに、政府が再発を防止するための立法上の措置を講ずるつもりがあるのかどうかについて、質問が行われた。この質問に答えて、内務大臣で、保守党の、レジナルド・マッケナ下院議員は、問題を検討することを了承した。議会では、この写真（実際には、合成のように思われる）が、こっそり撮られたものであって、裁判所の建物の管理の責任を負っている、ロンドン市の役人の許可を得たものではなかったことが、主張された。(15)

（14）　H. L. Deb., Vol. 56, col. 313.

（15）　H. C. Deb., Vol. 35, col. 2067 ; H. L. Deb., Vol. 56, col. 313.

マッケナ氏による検討は、実際には、すぐには、法案の提出には至らなかった。しかし、それにもかかわらず、セッドンの写真と「一九二五年の法律」の制定との間には、直接のつながりがある、といえるかもしれない。というのは、このころ（ひょっとすると、もう少し早いかもしれない）から、イギリスの内務省は、裁判所における写真についての資料のファイルを収集しはじめたからである。なお、同じような質問は、オールド・ベイリーの「モリソンの裁判」においての、ダーリング卿の見解の結果として、前年になされた。しかし、その質問に対しては、そのときの内務大臣である、ウィンストン・チャーチル卿より、同じような返答を得ている。(16) 一九二三年の初めに、副国務大臣のジョン・アンダーソン卿は、これらのファイルをアーチボールド・ボドキン卿に送ったように思われる。ボドキン卿は、その当時、公訴局の長官を務めていた。ボドキン卿は、立法のための時期として、ふさわしいと考えているのかどうか、および、かれが、国務大臣に提出するためのなんらかの提案をもっているのかどうか、について尋ねられた。

ボドキン卿は、熱心に答えた。(17)

「刑事裁判に関して、記者団をなんと呼ぶかについての働きかけを、早く終らせるための、多少の努力をしなければならないときが、確かにやってきた、とわたくしは思う。

〔内務省の〕ファイル二〇五七七七と二〇五七七七／一四（これは、もはや現存していない）は、一二年以上におよんでいる。また、これらは、刑事裁判に関与した、被告人や陪審員や証人、それに、それ以外の人々であろうとなかろうと、人を写真に撮ったり、または、スケッチしたりなどする行為を、強く非難する所見を含んでいる。さらに、国王の下にある裁判所の裁判官や治安判事が述べていなかった、同じような趣旨の見解も含まれている。

下院での時々の質問は、その問題に関して提起される、いくつかの訴訟を意図して行われており、これらのファイルの中に記録されることになる。しかし、その方法は、続けられている。これらの文書では、触れられていない、異議を唱えることのできる、このジャーナリズムの性格の、ほんの少しばかりの面にすぎないものが、存在する。」

(16)　H. C. Deb., Vol. 22, col. 2237.　また、See supra notes 12-13 and the text to note 17.

(17)　一九二三年二月二六日の日付の入った覚書。P. R. O., L. C. O., 2/775.

内務省が、そのファイルを、一九二三年に、なぜ、再び活用することにしたのか。また、立法のための機が、今、熟したと、ボドキン卿は、どうして考えたのか。恐らく、一九二二年に発生した、極度に激しい論争をまき起した「三つの事件」そのものの「累積による効果」のためであった、とみられている。イギリスのイングランドの西部の州のヘレフォードシャーの夏のアサイズ（裁判）において、記者による「広範囲にわたる報道」を認めた裁判の後に、アームストロングは、殺人を理由とする死刑の判決を言い渡された。オールド・ベイリーにおけるバイウォーターズとトンプソンの事件（一九二二年の一二月六日から一一日までの間に審理が行われて、一九二三年の一月九日に絞首刑が執行された）が、また、一般の人々の多くの関心と報道機関の異常な注意を引きつけた。一方、民事の裁判所では、「ラッセルの離婚」についての、最初の裁判所における証拠の公表が、同じ程度の関心をもたらすことになる。しかし、この裁判は、また、慎み深いふりをした「強烈なリアクション」を引き起し、事件後の訴訟手続によって、それは一層、ひどくなっていった。さらに、制限を伝えることの必要をも、かなりもたらした。この点については、スタンフォーダム卿（国王ジョージ五世陛下の私設の秘書）から大法官への一九二二年七月一五日の日付の入った手紙[18]も含まれる。「バッキンガム宮殿。大法官殿。ラッセル離婚事件についての、はなはだスキャンダラスな話の詳細が公表されて、国王が嫌悪の情を催している、と聞いても、あなたは、別に驚かないでしょう。（中略）」

一九一二年の王立委員会の提言を思い起してみるならば、制限を伝えることの、これらの必要の、いくつかにおいては、裁判所での写真の撮影やスケッチについて、法律による制限をもたらすことの要求を含んでいた、といえる。一九二三年三月七日に（ラッセル事件[19]（Russell v. Russell）の裁判の審理が、依然として、行われていたが）、イーブリン・セシル卿の率いる国会議員の代表団の一行が、大法官を訪問して、一九一二年の勧告を採用するように働きかけた。この勧告では、法廷における写真の禁止が含められている。[20]その年の後に、セシル卿は、「婚姻関係事件（報道の規制）法案」（制定されなかった）を議会に提出した。法案が、下院の特別委員会の審議にかけられたとき、重要な証人たちは、写真の撮影やスケッチについての「法律上の禁止」に賛成する証拠を提出したのである。[21]法廷におけるカメラの使用の禁止についての立法措置において、「ラッセル事件」は、明らかに、以前の状態を取り戻すのに助けとなった。しかも、また、内務省の関心の比較的早い時期における、「復活へのはずみ」をもつけ加えることになった、といってよい。

(18) P. R. O., L. C. O., 2/775.
(19) Russell v. Russell, 〔1924〕 P. 1; 〔1924〕A. C. 687.
(20) The Times, March 8, 1923.
(21) Sir Henry Duke (Lord Merrivale), June 26, 1923; Rev. J. Scott Lidgett, July 3, 1923.

しかしながら、「立法のための機会」は、一九二四年に、「労働党」の「最初の内閣」が政権を獲得することで、ようやく、到来することになる。前の会期では、その機会がなく、しかも、多くの議論が、行われてこなかった「刑事裁判法案」について、新しい政府が、それの「再提出」を決めたとき、内務省は、今日では、「一九二五年法」の「第四一条」とされているものの方向に沿った条項を、法案の中に組み入れる機会を得ることができたのである。一九二四年の、この「追加条項」についての、イニシアティブの由来は、「内閣」からというよりは、むしろ、ほとんど疑いの余地なしに、「政府の職員」によるもの、であった。一九二四年法案自体は、後に、その年のうちに消え失せてしまうのであるが、後継の「保守党の内閣」によって、再度、取り上げられ、しかも、一九二五年に、「再び」提出されたのである。かくして、ついに、一九二五年一二月二二日に、法令集の中に含められることになった。

その「はっきりしない由来」と「曲がりくねった議会の経過」ではあったけれども、「一九二五年の法律」の制定についての、立案者と支持者を思い出すことは、造作なく、できる。[22] 修正についての内務省のノートは、法案の反対者による報告の時期を記入している。[23] 新聞のスチール写真は、公共の利益を、ほとんど、もたらさず、また、扇情的または病的な好奇心を、そそるだけの、はっきりした害をもたらすもの、とみられた。そのために、法律は、この、無用で、俗悪で、しかも、気品のかけらもない「報道機関の行動」から裁判官や陪審員や訴訟の当事者、それに、証人などを保護することの「ねらい」を定めたのである。裁判官や陪審員の場合には、報道機関の写真は、単なる、不必要で迷惑なこと、とみなされた。また、訴訟の当事者や証人は、不必要に、悩まされたり、あるいは、苦しめられたりなどしていたかもしれない。かくして、訴訟の当事者のうちの、いく人かの人々は、非常に苦しめられることになってしまうので、そうなっている間に、写真を撮られる可能性があったところから、裁判所において、自らの権利を、強く、主張したり、また、擁護したりなどすることを思いとどまらせてしまうであろうことを、示唆していた。その上、証人は、新聞が、写真を公表するかもしれない、という心配のために、証拠の提出について、前向きにならないようにさせられてしまうおそれが、あり得た。しかも、証拠を提出するときには、写真に撮られることで、だれでも、極めてナーバスに、あるいは、困惑させられる可能性があるために、かれらが提出する証拠は、影響を受けることになった、といってよい。

もっとも、右の諸々の事柄は、「一九二五年の立法」に対して責任を負う立場にある人々の心配であった。これらの心配は、立法から七〇年以上経過している現在においても、裁判所の訴訟手続をテレビ中継することについての「継続している禁止」を正当化するのに、十分といえるであろうか。ロンドンのキングス・カレッジの法学部のマーティン・ドックレーは、前記の事柄の、それぞれには、疑問点がある、という。(24) そこで、以下においては、かれの考えを紹介することにしたい。かれは、一九八八年に、つぎのように解説している。(25)

(22)　H. C. Deb., Vol. 188, cols. 831 to 852.
(23)　P. R. O., H. O. 45/11934, referred to below as H. O. Notes ; Report of the Royal Commission on Divorce, 1912, Cd. 6478, para. 515.
(24)　Martin Dockray, Courts On Television, (1988) 51 The Modern L. Rev. 593, 597.
(25)　See supra note 24, at 597–604.

第三節　写真の価値

「一九二五年の立法」について責任のある人々は、合法的な訴訟手続についての「書面による報道」の価値に対して「スチール写真」は、ほんのわずかばかりのものをつけ加えるか、あるいは、まったくと言ってよいほどに、なにもつけ加えるものはなかった、と考えていたように思われる。もっとも、一九二六年の「裁判手続（報道の制限）法」に先立つ討論においては、下院議員の多くの者が、「書面にもとづく報道」さえも、ほとんど、その価値を認めていなかったことが明らかとなっている。新聞が、複雑な話題を読者の関心を引くような方法で提供するのは、道理にかなっていて、また、望ましい、という今日の論拠は、一九二五年には、ほとんど、インパクトをもたなかったことといえる。[26] 一九二五年には、写真は、公表されないようにされていた。とはいえ、裁判所の訴訟手続のような、道徳的にみても、写真が、害をもたらすことになるといえる事柄について、関心を引くことになったから、というのが正しい理由のようである。新聞のスチール写真の価値については、意見が分れるかもしれない。[27] とは言っても、一つのことだけは、はっきりしている。それは、裁判所の訴訟手続をテレビ中継させないようにするために、議会は、一九二五年に、いろいろな努力をしたようにみえるけれども、その禁止についてのメリットを、最初に、検討しないで、結論を出してしまったことである。

恐らく、テレビの実態を、まったく、知らなかったのであろう。テレビのシステムは、一九二五年ごろは、まだ、実用化されていなかったことが明らかとなっている。一八九七年に、ブラウン管が発明され、また、それを、テレビに使用できる方法が、一九〇八年に、示唆されることになった。ジョン・ロウジ・ベアード（一八八八―一九四六年・イギリスの発明家で、テレビの開発者）が、一九二二年に、「実験的な試み」を開始して、一九二四年に、特許を与えられた。しかし、一九二五年ごろには、かれは、成功を収めていなかった。また、世間にも知られていなかった。さらに、英国放送協会は、一九三六年までは、精密度の高い公共的なテレビ事業に着手していなかった。それでも、やはり、立法は、「音声」と「映像」を同調させた「フィルムの導入」に先行していた、のである。

議会は、スチール写真の「非常に異なるメリットのみ」を討議した。「この条項の目的は、刑事裁判所の法廷内の被告人席にいる、または、裁判所にいる、あるいは、裁判所を離れてしまっている、被告人の、『センセーショナルな写真』を公表する、という『礼節に反する行い』を止めさせることにある。それは、また、民事の事件（とりわけ、離婚）の当事者に対しても、当てはまる。(28)」

テレビに対する「一九二五年法」の適用は、イギリスの法律の歴史からみれば、一つのアクシデント（不幸な出来事）といえる。こうした方法で作られた法律は、歓迎すべきではない。過去の立法上のアクシデントが、現在に命令するのを、許すことはできないのである。

（26）Royal Commission on the Press, 1949, Cmd. 7700, para, 484.
（27）たとえば、See Tom Hopkinson, "Is there a place today for the still photograph" (1987) 4 Britain Abroad 8.
（28）H. O. Notes.

一九二五年の状況とは著しく異なり、テレビは、今日では、一般大衆にとっては、それぞれの、最も重要なニュース・ソースとなっている、と考えられる。それは、疑いなく、最も重要なメディアである。そこでは、一般的な事柄についての問題を取り扱うことができる。しかも、世論が形成され、また、それが伝えられる。一つの特別の価値は、単なる間接的に報道されたバージョンの提供というよりは、むしろ、今日の出来事に関しての個人の経験を提供する、その能力にある。書かれた言葉、または、話された言葉よりは、フィルム、または、テレビを好む、いくつかの場合には、法律そのものは、このような価値を認めることになる。(29)

（29）たとえば、See The Report of the Roskill Fraud Trials Committee, 1986, para. 5. 43 ; Barber

v. Lloyd's Underwriters, cited above.

これらの利点は、決して、小さな事柄とは言えない。それらは、教育や政治の上での重要な役割を果すための可能性をテレビに与えることになる。教育的には、テレビによって裁判所での訴訟手続を定期的に放送することは、法律ならびにその働きについて、世間に、徐々に、より広範囲にわたって知らせるにあたり、大きな価値をもつことができる。世論を知らせることの重要性は、最近になり、イギリスの控訴院の最上位の裁判官である、記録長官によって理解されるようになった。同長官は、一九八七年の控訴院（民事部）の年刊誌の中で、つぎのように確信したことを述べている。

「何をなし遂げようとするのか、どのような方法で達成しようとするのか、どんな問題に遭遇するのか、努力の結果、どのような成功がもたらされるのか（中略）などについて、裁判所が、一般の人々に説明しなければならないのは、きわめて重大なことといえる。」

それに、また、「キルミューア・ルール」（The Kilmuir Rules）の緩和についての、大法官の「クラッシュファーン（Clashfern）のマカイ（Mackay）」による、最近のアナウンスメントは、また、裁判所と一般の人々との間のコミュニケーションを向上させるについての、一つの願望を表しているように思える。日々の基本原則にしたがいながら、裁判所の仕事の録画をテレビ・カメラに許すことは、記録長官によって記入された問題についての、世間一般の理解を促進させるには、非常に直接的な方法となろう。

　法律やその制度に関する公の審査を、より多くの情報にもとづいたものにし、また、一層、効果的にしてゆきながら、法廷での訴訟手続を録画できたならば、テレビは、さらに、政治上の役割を高めることができる、と言ってよい。審査方法を向上させることは、必ずしも、裁判所に対する憲法違反に、あるいは、敵対することにはならない。このほか、記録長官が、一九八七年の雑誌の中で述べていたのであるが、「どこから見ても『自立』は、公の責任に反することにはならない。（中略）」

　法律に対する「テレビの潜在的な利益」は、取るに足りないものでもなければ、また、幻のものでもないのである。それらは、社会にとって、非常に重要な事柄といえる。

　テレビ中継される裁判所は教育的とは言えない、という理由で反対されてきた。というのは、「（中略）ニュース・メディアは、センセーショナルな裁判（など）だけを放送するように選んで、（中略）法廷での訴訟手続についての世間一般の理解をゆがめるからである。（中略）メディアは、『悪名の高いこと』に根拠を置いた裁判を選び続けてゆくことであろう。しかも、その上、プログラムは、そのほとんどが、ドラマチックな部分を含めるようにし、『おもしろくなかったり、あるいは、ありきたりであるような部分』は、取り除くように編集してゆく。(30)」これらの批判は、政治的、社会的、それに、倫理的な事柄に関する法律上の事件については、「差別的な好み」を見せる、イギリスのテレビ・ニュースや時事問題のプログラムに対しては、正しく向けることができない。しかも、「編集上のゆがみ」は、書面または口頭による伝統的な報告の場合よりも、フィルムまたはビデオテープの場合のほうが、より大きくないのである。

「民主的な形態をとる社会は、社会の構成員に対し、地域社会の問題に、積極的に、また、聡明に、かかわり合ってゆくことを要求する。（中略）それは、完全な政治上のプロセスだけではなく、ますます複雑となってゆく環境に、社会的ならびに経済的な生活を適合させてゆく、地域社会の努力の中においても、また、警戒を怠ることなく、情報にもとづいた関与を行うことを、一層多く、要求してゆくことになる。このようなわけで、民主主義の社会は、その背景と理想において、出来事の、明白で、しかも、真実な話を必要とする。（中略）(31)」

テレビは、まさに、このようなタイプの話を提供できる力量を備えている。そうすることで、潜在的な利益にまさる危険がなければ、これらの力量を活用しないのは愚かなことといえる。危険とは、どのようなものなのか。

（30） Tongue & Lintott, (1980) 16 Willamette L. R. 777, 785.

(31) Royal Commission on the Press, 1949, Cmd. 7700, para. 362.

第四節　カメラの影響

一　裁判官と陪審員

カメラによって裁判所は悩まされることになる、という「一九二五年法」の心配は、テレビに関して言えば、気のもみすぎのように思われる。人目を引くことも、不快さも、あるいは、憤慨することも、すべてなく、裁判に関係する人々は、みずから、進んで、出廷するのである。もしも、(下記参照) 訴訟手続に対し、身体の混乱が、コントロールされるのであれば、プロの裁判官が、ビデオ・カメラによって、困惑させられたり、また、おびえさせられたり、さらには、気を散らされたりなどすることはありそうにもない、といえる。[32]

(32) Cf. Re St. Andrew's, cited above.

別の面から言えば、陪審員については、特別の考慮を必要とする。カメラが存在することで悩まされる陪審員についての危険は、比較的大きい。もしも、テレビが、陪審の身元を広く知らせるならば、非難される心配、または、賞賛されたいことの願望などによって、陪審員は、一般の人々に受けのよいように振舞う、という気持ちにさせられるかもしれない。チマーマンは、裁判の関係者に目につくような影響があるとしても、カメラの場合には、ほんのわずかであることを、手元の、調査より得られた証拠が明らかにしている、と述べている。(33) 時折、カメラの存在が、知らないうちにもたらす影響を、多少はもつかもしれないことは、否定できない。テレビを見ることで、毎夕、証言を、再び見る、陪審の人々の起り得る危険は、陪審への注意によって、あるいは、裁判の終るまで、テレビ放送を禁止することで処理できる。他人の証言を見る証人への、同じような注意は、また、いくつかの事件の場合にも妥当とされる。しかし、このような危険を避けたいとの適切な願いは、陪審の参加しない刑事事件の訴訟手続においても、また、大多数の民事事件においても、さらには、上訴の訴訟手続においてさえも、カメラの使用の禁止を、正当化できない、といえるかもしれない。イギリスにおいて、「一九二五年法」は、ほとんど、もっぱら、刑法との関係で討議されたのである。ほかのタイプの訴訟手続に対する、わずかばかりの言及の場合も、その大部分は、「離婚事件」に関係していた。なお、陪審事件の場合でも、陪審の要望を入れて放送を禁止したり、また、陪審の写真を手に入れることができないようにカメラを設置したりなどして、危険を避けることはできたのである。

(33) Zimmerman, (1980) 4 Duke L. J. 641. また、See Netteburg, (1980) 63 Judicature 467. Cf. Estes v. Texas, (1965) 381 U. S. 532, 545.

二 訴訟の当事者

訴訟の当事者が、一般的に、カメラを非常に怖がる、という議会での心配は、一九二五年には、誇張されていた、と思われる。極めて多くの訴訟当事者は、目下のところ、新聞に身をさらされるのを恐れる以上の、テレビによる放送を怖がる理由を、なにも、もっていない。裁判所でのテレビの放送が許されるならば、訴訟の当事者は、自らの権利を大量に放棄することになる、と考えるのは、馬鹿げている。裁判所に行く途中で、あるいは、裁判所で、新聞によって、写真を撮られる可能性は、すぐわかるように、論争者の群れを、ちゅうちょさせたわけではなかった。「周辺」の意味についての、専門的な疑いは、裁判所の外で写真が撮られる場合には、ずっと昔から、公訴の提起をためらうようにさせてきた。新聞とテレビは、この「ためらい」を十分に利用してきたわけである。

確かに、特別の理由のために、毎年、事件を、テレビの放送で見られるようにするよりは、むしろ、事件を終わらせてしまう訴訟の当事者が、多少は、みられる。このようなタイプの、いくらかの事件の場合には、裁判所は、すでに、内密に開く権限をもっている。すなわち、裁判所が、内密に開くところでは、カメラは、締め出されたままであり続けることができるわけである。しかし、裁判所が、公開を行い、しかも、記者による報道を許すところでは、（単なる、書面による報道とは異なるものとしての）フィルムによる報道が、訴訟の当事者を、ちゅうちょさせたり、また、害したりなどすることの危険は、「非常にわずかばかりの危険」のように思われる。カメラに対する、現在の全面的な禁止は、このような危険を処理するのに必要とされるものよりは、まさっている、といえる。このようなことが、行われなければならない理由を明らかにできる当事者に対する適用において、もしも、裁判所が、テレビによる放送を禁止できるのであれば、それは、それで十分、といえるかもしれない。最初に起草されたとき、「第四一条」は、裁判官（または、裁判長、あるいは、上位の裁判官）の許可を得て、写真を撮ることを、許されるようになっていた。しかし、この権限は、下院の委員会の段階で、「一九二五年法」からは削除されてしまったのである。

エバンズ裁判官は、J・バーバー&ソンズ対ロイドズ・アンダーライターズ事件[34]において、まさに、このアプローチを採用した。この事件で、被告人は、カリフォルニア州の上位裁判所からの要求にしたがって行われた命令を、取り消すことを求めた。それは、イングランドの尋問官の前で被告人から得られた「供述録取書」、および、ビデオテープにとられた「供述録取書」である。

「自由裁量について、カメラの存在が、被告人に、重くのしかかり、さらに、ストレスをつけ加える原因になる、という被告人によって強く語られた主張を、わたくしは聞いた。被告人は、ロイド保険業者である。かれらが、健康がすぐれていないこと、あるいは、かれらが、個人的に無能力の状態に陥っていることなどの証拠を、わたくしは、もっていない。もちろん、証拠を提出するのは、緊張に満ちたことといえる。また、裁判所は、無能力の状態にある人、とくに、身体の弱った人、あるいは、老齢者などを保護するのに熱心である。これらの四人の被告人の場合に、ビデオテープに収められた訴訟手続の価値や便利さに、疑いなく、十分にまさるとはいえないストレスが、つけ加えられることを、わたくしは、理解できない。(中略)したがって、ビデオによる録画を行うことについては、ほかの事柄よりも、はるかにまさる、大きな価値を認めることができる。その価値については、異なるかもしれないけれども、この国の裁判所は、証人の態度を、とくに、重要視している。わたくしは、ビデオへの収録には触れないようにしている命令を変えるつもりはない。」

(34)　J. Barber & Sons v. Lloyd's Underwriters, 〔1987〕1 Q. B. 103.

三　証人

裁判所が、公開の方法で開かれ、しかも、新聞による報道について、なんの規制も加えられていない場合には、フィルムによる報道が、証人をちゅうちょさせたり、あるいは、証人に有害な影響をおよぼす危険性は、また、小さいように思われる。

それにもかかわらず、新聞記者のいる、人前で、証拠を提出しなければならないときには影響を受けないであろうが、しかし、宣誓の間に、フィルムに収められるならば、その者の証拠によって影響を受ける証人が、いく人かいることは、疑いなく、考えられる。こうした可能性が、すべての事件の場合に、すべてのカメラを、完全に、禁止するのを正当とすることとは適切でない、という点も、同様に、はっきりしている、といえる。口頭による証拠を聞けない訴訟手続の場合には、現在のルールを、ほとんど、正当化できない。明らかにされた、納得のゆく、理由にもとづいて、証人の証言を、フィルムに収めるのを禁止する（前に述べたタイプの）自由裁量の権限を、裁判所に、もしも、与えるならば、極めて影響を受けやすい証人に対する危険は、カメラについての一般的な禁止がなくても、避けることができる。

第五節　公開というさらし台(35)

一　概　説

「一九二五年法」、ならびに、それよりも、もっと早い時期に行われた討論の場で論議された、写真を禁止することの別の理由は、報道機関が特別の関心を示した刑事事件において、このような事件の被告人を「さらし台」に、不正に、さらすのを避けたい、という要望であった。ところが、一九二五年以降の経験では、このような議論が、ほとんど重要性をもたないことが示唆されるに至っている。民事事件でも、また、刑事事件でも、いくつかの事件の場合には、裁判所にカメラが存在しないにもかかわらず、世間の関心を、多く、集めたり、また、それに伴う報道機関の注意を引いたりなどのことを続けてきている。

(35)　The Times, leader, February 28, 1924; H. C. Deb., Vol. 188, col. 839 (Sir Wm. Joynson-Hicks).

裁判所でカメラを許すことは、多分、そうした事件の関係者に、ごくわずかばかりの負担をかけるにすぎない、といえる。実際には、負担を和らげているかもしれない。管理された状態（以下参照）の下で、裁判所において、カメラが許されるならば、写真を撮る人々の群れが、現在行っているような、裁判所の出入口に足を運ぶ必要は、なくなるであろう。法廷内の込み合いも、また、軽減されるかもしれない。新聞のジャーナリストが、裁判所内の新聞記者席からよりは、むしろ、新聞記者室から、テレビでしばしば重要な事件を追うのを、選ぶようになる、という裁判所での撮影を許している法域からの証拠がある。(36)

(36) Davis, (1980) 64 Judicature 85.

二　荘重さ

スタジオのように使用しなければならない、ということは、裁判所の「荘重さ」と調和しないことになる、と言われてきた。(37) このような論拠は、今日では、非常に「時代遅れ」のように思われる。テレビによる報道は、宗教の、または、議会の、さらには、国王の、それぞれの重要な行事の「荘重さ」を傷つけたり、または、損なうものではない。「写し」をとるために使われてきたマイクロホンや録音テープは、裁判所の「荘重さ」を害することはなかったのである。ビデオによる証拠を提出するためのビデオ・レコーダーやテレビ・モニターの使用は、すぐにわかるように、法律に対する尊敬の念を弱めたわけではなかった。裁判所の仕事に対する騒音や物的な混乱が、受忍の限度の範囲内に収まっていれば、ビデオ・カメラが、ビデオ・レコーダー以上に有害でなければならない理由はない。実のところ、管理された状態の下で撮られる、礼儀にかなった、わずかばかりのフィルムは、現在、利用されている「裁判所の外」でのスケッチ、あるいは、今、しばしば、起っている裁判所の玄関での「写真のつかみ合い」よりは、はるかに「重々しさ」が多く与えられる、といってよい。

(37)　F. A. Broad. M. P., H. C. Deb., Vol. 188, col. 836.

三　騒音と物的な混乱

この点は、「一九二五年の禁止法」に先だつ討議において、一つの重要な要素と見なされた、とは思えない。これは、恐らく、混乱を引き起す行為に対処するのに、裁判所が、すでに、まったく適切な権限をもっていた、ことによるのかもしれない。

しかし、テレビについては、どうであろうか。①テレビ・カメラは、常に、重量感のある、追加の、照明を必要とする。②カメラやレコーディングの設備は、いつも、大きくて扱いにくい。それに、法廷や廊下をごった返すようにさせる。また、混乱のもとを作る。さらに、③テレビのプロダクションとともに、多数のやかましいクルーを避けることができない。右のような事柄が、一般的に想定される。

ところが、これらの想定のいずれも、必ずしも、真実とは言えないのである。少なくとも、一人の著名なアメリカの裁判官の意見においては、である。「(中略)テレビの初期のころには、(中略)騒音や照明などが、訴訟手続を、恐らく、ゆがめ、また、混乱させたと、わたくしは考える。しかし、現在の科学技術を理解するときには、それは、今は、もう、なんらの脅威にはなっていない。(中略)」[38]。言い換えるならば、今日では、裁判所のスムーズな運営を妨害しないで、一般の視聴者の気に入るような性質の音声や映像を手に入れることが、技術的に可能となった、といえる。プロダクションの性質は、視聴者が、報道のためのテレビを期待する基準には、マッチしないかもしれない。しかしながら、重要な点は、ふさわしい性質の素材を、裁判所の仕事を妨害しないで、手に入れることができることにある。

(38)　ポッター・スチュアート裁判官（アメリカ合衆国の最高裁判所から引退して）：(1981) 67A. B. A. J. 954.

とはいえ、多くの事柄を、あらかじめ規制しておく必要はある。そうでないと、申し出たプロデューサーの自由裁量にすべてのことを任せるようになってしまう。裁判所のとびらを簡単にぱっと開けるのは安全とはいえない。恐らく、裁判所のルールが必要となってくる。

とは言っても、適切な法規を作り上げるのに関係する仕事は、非常に多い、というわけではない。(39)

①照明。人工による照明を許す必要はない。弱い光でも扱うことのできるカメラが、利用される。

②カメラ。音をたてない、コンパクトな型のものが、利用される。特別の型のものも明記できる。

③カメラの数。最も多くて、一台か二台のカメラであることを示すようにする。報道は、一台だけのカメラでも行える。もしも、二台のカメラが許されるのであれば、適切で、洗練のされた、その上、魅力のあるプログラムを作ることが可能となる。プロデューサーは、だれもかれも、独自の設備を申し出る必要があるとは限らない。共同管理の取決めを求めることもできる。

④設備の場所。規則的な報道が当てにされている裁判所（たとえば、上院、イギリス首席裁判官の裁判所、それに、オールド・ベイリーのナンバー・ワン裁判所）では、常設の、ひどく目立つことのない、備えつけられた、その上、遠隔操作された、カメラを、強く要求できる。これは、コントロール・ルームのスペースを、すぐそばに、用意しなければならないことを意味する。しかし、裁判所の建物の中に、メディアが使用するためのスペース（記者室ある

いは記者席）を用意することは、前例がないわけではない。録音は、また、注意を喚起することになる。いくつかの裁判所では、裁判所が所有する録音装置を使用できるかもしれない。このほか、マイクロホンの置き場所についても考慮を要する。

⑤　設備の操作。審理が進行している間は、カメラを操作している者のすべての動きを禁止することができる。そのために、レンズやテープまたはフィルム、あるいは、設備の場所などは、閉廷中に変えなければならない。

⑥　編集上のコントロール。公正で、誤りのない報道についての、新聞に期待されているのと同じ規準は、フィルムやビデオによる報道についても、求められる。「編集上のゆがみ」の心配を遠ざけるには、これで十分といえる。その結果、明白な規制が、一般原則の適用に対する疑問を避けるにあたり、一つまた二つの問題をもたらすにしても、「小づちから小づちへ」の報道を強く求める必要はない。たとえば、リアクション・ショット（反応描写）は、完全に本物であることが求められる。また、話している人への、ゆっくりしたカメラ・ズームは、話された、どのようなことでも、重要性を加えるようにみえるので、職業上の内密の相談に関する報道のように、避けなければならない。

（39）　たとえば、前記で引用した、アメリカのフロリダ州のチャンドラー事件（Chandler v. Florida）において、また、〔1981〕35 U. Miami L. R. 353/4で言及された、フロリダ州の最高裁判所によって公表された規準を参照されたい。一般的に、See Zimmerman, op. cit.

第六節　識者の意見

以上のような説明の後に、ロンドンのキングス・カレッジの法学部のマーティン・ドックレーは、つぎのように述べている。

「法廷での訴訟手続についての『コントロールされたテレビによる報道を許すことの利益』は、『起る可能性のある危険』よりは、まさっている。現在の法律は、再検討するには、かなりの時間が経ってしまっている。利益について、バランスのあるところでは、意見は、合法的に、異なるかもしれない。しかしながら、再検討の必要性を認めないのは、正当とはいえない。六〇年以上も前の、まったく異なった状況で、しかも、非常に異なる害悪を処理するために可決・成立した、一つの『実験的な試み』の立法を、精密に吟味するにはおよばないもの、として扱うことはできない。裁判所におけるテレビ・カメラのケースは、詳細に検討されなければならないのである。[40]」

（40）　See supra note 24, at 603-04.

第六章　わが国のテレビ報道

第一節　過去の経緯

一　第二次世界大戦前の状況

わが国においては、第二次世界大戦前までは、今日ほど、裁判の記事が報道されることはなかった。そのため、法廷内のカメラが問題になるような事例は、ほとんど、みられなかったわけである。旧刑事訴訟法の時代には、同法の第二九六条に「予審ニ於テハ取調ノ秘密ヲ保チ被告人其ノ他ノ者ノ名誉ヲ毀損セサルコトニ注意スヘシ」という規定があるだけであった。新聞記者などに関するカメラについての規定は、まったくない。

明治三八年（一九〇五年）の「法廷取締り等に関する件」という律令においても、開廷中の秩序維持権が裁判長にあることが定められているだけにとどまる。新聞関係についての規定は、見当たらない。

第二次世界大戦中は、治安維持法に関する事件をはじめとして、報道が禁止される事件が多かった。また、法廷内では、「傍聴禁止の札」が、ずっと、かかっていた風景がみられた。このようなわけで、戦前は、非常に制限された「公開裁判」であった。裁判所と記者クラブとの話し合いで、「開廷後何分間」といったところで、写真が撮られていた「慣行」が続いていた。なお、家庭裁判所に関する事件の場合には、家事審判規則に、「家庭裁判所の手続は、これを公開しない」(同規則第六条）とあるために、カメラマンは、入らなかったし、また、入り得る余地もなかったのである。

二　第二次世界大戦後の状況

1　カメラ取材の無制限の時期

第二次世界大戦後は、GHQの占領政策のためや極東国際軍事裁判（いわゆる東京裁判）ともからんで、法廷内の映像の取材が、大幅に許可されることになった。当時の時代背景や風潮を反映してか、取材報道は、徹底して自由といえた。その挙句のはてには、無節操になってしまい、状況は、「無秩序の感」があった。「自由な取材」の名のもとに、「非常識な行為」が横行した。「小平事件」(昭和二一年（一九四六年))、「帝銀事件」(同二三年（一九四八年〕)、「三鷹事件」(同二四年〔一九四九年〕)、「松川事件」(同二四年〔一九四九年〕)などの公判においては、華々しい取材合戦が展開された。

昭和二三年(一九四八年)の秋に、「許可制にしよう」という裁判官の動きが、あちこちでみられるようになる。東京地方裁判所は、同年の九月に、日本記者クラブに対して、「今後、法廷内の撮影を禁止する」との通告を行った。これは、写真記者が、裁判官席や机の上に登ったことが発端となっている。これに対して、報道側は、「一台のカメラは、百万の傍聴人にも勝る」として禁止には応じなかった。この件に関しては、東京写真記者協会が、日本記者クラブを通して、裁判所側と交渉した結果、「審理の妨害にならないように注意する」などの五項目からなる「暫定協定」を結んで、一応の決着をみることになる。このときの協定に一定のルールを定めたものが、今日に至るまでの動きの発端になっているのである。その「五項目からなる協定」の内容は、つぎのようになっている。①裁判長の許可なくしてヒナ壇に登らないこと。②検事や弁護士の線より前に出ないこと。③なるべく移動を避け、とくに、中央に立ち入らないこと。④音響やフラッシュなどで審理の妨害にならないように注意すること。⑤人員は、必要最小限とし、脚立等の大道具を持ち込まないこと。なお、右の暫定協定は、写真の取材を前提にして認められたものであって、取材の際の便法を示したものにすぎない。

ところで、昭和二四年（一九四九年）一月一日に発効した刑事訴訟規則第二一五条によって規制の強化の方向に大きく変ることになる。

2　カメラ取材の制限の時期

刑事訴訟規則第二一五条（昭和二四年（一九四九年）一月一日施行・公判廷の写真撮影等の制限）は、「公判廷における写真の撮影、録音又は放送は、裁判所の許可を得なければ、これをすることができない。但し、特別の定のある場合には、この限りでない」と定める。一方、民事訴訟規則第一一条（昭和三一年（一九五六年）六月一日施行・法廷における写真の撮影等の制限）は、「法廷における写真の撮影、速記、録音又は放送は、裁判長の許可を得なければすることができない」と規定する。なお、右の刑事訴訟規則第二一五条の但書でいう「特別の定め」とは、公判廷における証人の供述等の録音に関する刑事訴訟規則第四七条の規定を意味する。刑事訴訟規則第四七条一項（公判廷の速記、録音）は、「公判廷における証人、鑑定人、通訳人又は翻訳人の尋問及び供述、被告人に対する質問及び供述並びに訴訟関係人の申立又は陳述については、第四十条の規定を準用する」と定めている。また、準用される刑事訴訟規則第四〇条（速記、録音）は、「証人、鑑定人、通訳人又は翻訳人の尋問及び供述並びに訴訟関係人の申立又は陳述については、裁判所速記官その他の速記者にこれを速記させ、又は録音装置を使用してこれを録取させることができる」と規定するのである。

現在のところ、公判廷の写真の撮影を裁判所の許可なしに行うことができる、という意味での例外規定は存在しない。また、裁判所におけるカメラ取材は、規定の上では、「許可制」になっていて、禁止事項ではない。しかし、実際の運用は極めて厳しくなっていて、「事実上、禁止」の措置がとられることが多い。さらに、裁判所側が一様に展開した論理は、法廷内の撮影の諾否は「担当裁判長の権限」であって、長官や所長といえども、指示すべき立場にはない、というものであった。

刑事訴訟規則第二一五条の「合憲性」に関して、最（大）決昭和三三年（一九五八年）二月一七日刑集一二巻二号二五三頁は、「新聞が事実を報道することは、憲法第二一条（注・集会・結社・表現の自由の保障）の認める表現の自由に属し、また、そのための取材活動も認められなければならないことはいうまでもないが、その自由も無制限であるということはできず、たとえ、公判廷の状況を一般に報道するための取材活動であっても、その活動が、公判廷における審判の秩序を乱し、被告人その他訴訟関係人の正当な利益を不当に害するが如きものは、もとより許されないところである」（判決要旨）と述べて、同規則が憲法に違反しないことを、明らかにしている。なお、民事訴訟規則第一一条も同旨である。

そこで、右の決定は、取材活動の自由が、憲法第二一条の「表現の自由」と同じ価値のものであるとして保障されるのか、という疑問が生ずる。これについて、最決昭和四四年（一九六九年）一一月二六日刑集二三巻一一号一四九〇頁は、「報道の自由は、表現の自由を規定した憲法第二一条の保障のもとにあり、報道のための取材の自由も、同条の精神に照らし、十分尊重に値するものといわなければならない」と判示している。結論は、「同価値」ということになる。

昭和二七年（一九五二年）一月に、法廷における写真撮影や録音、それに、放送に関する最高裁判所の「全国刑事裁判官会同の申し合わせ」において、「法廷における写真の撮影は、裁判所が相当と認め、かつ、被告人に異議のない場合、開廷前に限って、これを認める」「ラジオ・新聞等の報道機関の法廷における録音または放送は、これを許さない」と定められた。この申し合わせは、昭和二九年（一九五四年）と同三二年（一九五七年）の同会同においても再確認され、今日、なお、根拠となっている。この会同において、「できるだけ法廷写真を禁止する」という統一見解が纏められた背景には、一部ではあるが、①裁判長席に乗っかって撮影をすることや、②フラッシュを盛んに使用する、などの撮影方法に対する裁判所側の強い抵抗のあった事実が指摘された。裁判所側の「法廷写真の禁止の根拠」は、法廷内の秩序の維持や被告人の人権の保護などを重視することにある、といえる。

日本新聞協会は、昭和二四年（一九四九年）に、「われわれ新聞人も、無条件に自由を求めてはいない。新聞が、秩序と合理性の上に立つ自由な社会の維持と発展のために積極的、建設的な責任を果たしてこそ、はじめて新聞の自由を主張する社会的な権利が認められるものと信じる」との見解を明らかにしている。昭和二七年（一九五二年）に、「法廷の秩序維持に関する法律」が制定され、同年の九月から施行されることになった。この法律は、一連の公安労働事件における法廷の混乱から生まれたのである。法律の目的は、被告人や傍聴人の言動を押えることに置かれていたが、適用の第一号は、なんと、「新聞のカメラマン」であった。それは、釧路地方裁判所における昭和二八年（一九五三年）一二月一〇日の強盗殺人事件の公判のときに起った。その後、最高裁判所における重要な裁判の判決の場合に限り、「開廷前の三分間」に限って、「スチール写真」のみを許可する、という約束事が得られるに至った。しかしながら、昭和三〇年（一九五五年）ごろを境にして、東京地方裁判所と東京高等裁判所は、事実上、法廷からカメラを締め出す強硬な態度をとり続けるようになってゆく。法廷内は、裁判長の訴訟指揮権の下にあるのに、裁判所の所長の庁舎管理権が撮影禁止の理由とされることになったのである。

3　カメラ取材の禁止の時期

昭和二五年（一九五〇年）以降、東京を中心に、法廷の写真撮影を全面的に禁止する裁判所が多くなってゆくのである。その理由は、被告人の人権に対する保護や法廷内の秩序の維持に置かれていた。報道機関側は、昭和二九年（一九五四年）以降は、裁判官や裁判所と、たびたび、交渉をもつようになる。昭和三二年（一九五七年）に、日本新聞協会の編集委員会と東京写真記者協会、それに、ニュース映画協会が、裁判所側と数度にわたって話し合い、五項目からなる「自主基準」の申し合わせを、最高裁判所や東京地方裁判所に伝えた。その五項目からなる「ガイドライン」は、左のとおりである。①法廷内における写真撮影には、小型カメラを使用する。②カメラマンは、二名とする。③「審理の開始の前」の「五分間」とする。④フラッシュは、使用しない。⑤裁判長の指揮に従う。

昭和三五年（一九六〇年）には、日本新聞協会の編集委員会が中心となって、放送やニュース映画の団体の「五団体名」で、最高裁判所に対して、「法廷取材に関する要望書」として、「四つの事柄」を提出した。それは、①「開廷前」の「三分間」の撮影、②サイレントの、手持ち、小型カメラ、③照明器具の不使用、④少数、代表、取材である。なお、最高裁判所は、昭和三二年（一九五七年）当時に、「傍聴人で十分である。裁判の公開の原則は保たれているし、それに、また、撮影されたものが意味のあるものとは思われない」との見解を明らかにしている。

この時期、報道機関側は、前述の第二次世界大戦直後の「行き過ぎた取材活動」を反省して、内部的に、「抑制のきいた取材のルール」を作ろう、という姿勢を、顕著に、示しはじめていた。これに対して、裁判所側は、そのような報道機関側の「歩み寄り」を、あたかも無視するかのように、一気に、「全面的な禁止の措置」を作り上げていった、との印象がもたれるような態度をとるに至った。こうした裁判所側の「一方的な態度」を反映して、昭和三五年（一九六〇年）からは、つい最近に至るまで、実質的な話し合いの機会がもたれないままできた。もっとも、全国的な関心事となった裁判の場合には、各地の高等裁判所や地方裁判所において、その都度、カメラ取材を含め、「出先クラブとの話し合い」は行われていたのである。

それでも、「少数の貴重な例外ともいうべき先例」がみられる。たとえば、昭和三五年（一九六〇年）の九月に、仙台高等裁判所で行われた、「松川事件」の「差戻し審」の公判においては、かなり幅広い取材を認めたことで、報道機関側の注目を集めた。さらに、昭和三八年（一九六三年）に、名古屋高等裁判所で開かれた、「吉田石松老」の「再審判決」の公判では、わが国で、初めて、「テレビの生中継《なま》」が認められた。被告人が汚名をそそぎたい、という気持ちをもっていたことを汲んだ措置であったとしても、貴重な先例になるもの、と評価されている。

昭和四〇年代から同五〇年代の前年にかけては、報道機関側は、なんらの声もあげていない。

昭和五〇年代の後半になると、再び、報道機関側の裁判所に対する働きかけがみられるようになる。昭和五六年（一九八一年）の「富山・長野連続誘拐殺人事件」における同年の一〇月の現場検証において、富山地方裁判所がムービー・カメラの取材を禁止したことを直接の契機として、日本新聞協会の編集委員会は、最高裁判所に要望書を提出した。日本新聞協会の編集委員会の代表幹事は、昭和五七年（一九八二年）六月二一日に、最高裁判所の事務総長と懇談を行った。また、日本新聞協会の編集委員会は、昭和五八年（一九八三年）三月一七日に、最高裁判所と東京地方裁判所に「法廷内のカメラ取材に関する要望書」を提出している。裁判所側の規制は、東京から遠くなるにしたがって「緩くなる傾向」がみられる。そのため、法廷内の写真撮影は、「西高東低」といわれた。日本新聞協会の編集委員会は、昭和五八年（一九八三年）の一二月に、最高裁判所に対して、「法廷内のカメラ取材に関し再度要望の件」という文書を提出した。その一方において、昭和五九年（一九八四年）七月一一日の「松山事件」における「再審裁判」の判決公判において、裁判長は、「開廷後二分間について、写真の撮影を認める」としたのである。

4　カメラ取材の一部緩和の時期

昭和六二年（一九八七年）に、最高裁判所から日本新聞協会の編集委員会に対して、「法廷内カメラ取材の標準的な運用基準」が示されることになる。最高裁判所の事務総長は、昭和六二年（一九八七年）一二月七日に記者会見を行い、「今月一五日から、一定の運用要領に沿い、全国の箇裁、地裁、高裁において、スチール、ビデオカメラによる、開廷前の法廷内の撮影を試行的に認める」と発表した。「運用の要領」は、左の通りである。

①事件を担当する裁判長が、相当と認める場合に、法廷内のカメラ取材を許可する。②撮影は、裁判官全員が着席後、開廷を宣するまでの「二分以内」とし、刑事事件では、被告人の在廷しない状態で行う。③取材は、記者クラブ加盟社の代表取材とし、人員は、スチールカメラ、ビデオカメラ各一人とする。④撮影は、法廷の後方から、撮影の対象は、おおむね、裁判官席の正面とする。⑤照明や録音機材の使用は認めない。なお、「三年間」、試行してみて、その後に、「見直し」があり得る。

日本新聞協会の編集委員会は、「ゼロから一へ」の前進であることを評価して、この運用基準をもって、法廷内のカメラ取材を試行的に実施することを決めた。その後、最高裁判所と日本新聞協会の間で、運用基準の見直しの協議が、まとまることになる。

最高裁判所は、平成二年（一九九〇年）一二月六日に、「新しい運用基準」を発表した。この新運用基準による主な改正点は、左のとおりである。①「裁判官が着席してから」となっていた撮影の開始時期を、「裁判官の入廷時から」にし、「動き」が出るようにした。②裁判官席に限られていた撮影の対象を、クローズアップしないことを条件に、当事者席にも広げた。この「新運用基準」は、「平成三年（一九九一年）一月一日」から実施されることになった。

その後、釧路司法記者クラブの自由取材の保障の要請に対して、釧路地方裁判所は、平成三年（一九九一年）九月三日に、「裁判所の庁舎内の自由取材は、原則として認められない」との見解を明らかにしている。一方、津地方裁判所は、平成五年（一九九三年）一月一四日に、同月二〇日の「中国人集団密入国事件」の初公判をめぐる法廷内の取材についての津司法記者クラブの申し入れに対し、「警備上の問題が生ずる」との理由で、法廷内のカメラ取材を拒否した。

平成八年（一九九六年）四月二四日のオウム真理教代表の麻原彰晃（本名・松本智津夫）被告の初公判にあたり、日本新聞協会の編集委員会の在京社会部長会と写真部長会は、同年二月一四日に、「被告人の在廷時の撮影を認めるよう求める要望書」を最高裁判所に提出した。要望書では、「重大犯罪の背景を探り、真相を報道し、再発を防ぐため、被告人在廷のカメラ取材は欠くことのできない報道要素である」と訴えている。この要望書は、同月一九日に、東京地方裁判所にも提出された。

司法記者クラブは、平成八年（一九九六年）三月一三日に、被告人在廷中のカメラ取材の許可を求める文書を、最高裁判所と東京高等裁判所と東京地方裁判所の三者にあてて提出した。また、テレビニュース・映画協会は、平成八年（一九九六年）三月一五日に、被告人在廷中の映像取材を求める文書を、東京地方裁判所に提出したが、この文書は、同月一八日に最高裁判所にも提出されている。

報道関係の各機関から要望が出されていた被告人在廷中の法廷内のカメラ取材について、東京地方裁判所は、平成八年（一九九六年）三月二六日に、これまで通り認めない旨の回答を行った。その理由として、①「被告人のプライバシーの保護」の問題、②「被告人に対する心理的影響」、③「被告人の防御権の行使」に影響を与え、ひいては、「公正な裁判を受ける被告人の権利」を侵害する恐れのあることの三点をあげている。一方、オウム真理教の麻原彰晃被告の初公判をめぐり、法廷内のカメラ取材の運用基準を緩和して、被告人が着席した後の法廷内の撮影などを認めるように求めた、日本新聞協会の在京社会部長会と在京写真部長会の申し入れに対して、最高裁判所は、平成八年（一九九六年）四月四日に、「報道の自由は十分に尊重するが、被告人の人権を考慮すれば、現時点では、これまでの運用基準を変える考えはない」と回答した。

三　裁判の傍聴希望者の最近の増加

国民にとって、日頃、役所と議会と裁判所の三つの中では、裁判所が、一番、敷居が高くなっている。そのため、人々があまり足を踏み入れないところ、という意味では、裁判所は、「秘境性」を帯びているのである。憲法第八二条一項によって「公開の裁判」が保障されているけれども、法学部の学生であっても裁判所での傍聴の仕方を知っている者は少ない。事前の許可願書の提出が必要であると思っているぐらいである。

ところが、最近においては、たとえば、「オウム真理教による地下鉄サリン事件」や「和歌山の毒入りカレー事件」などの社会的に広く関心のもたれた悪名の高い刑事事件が、繰り返し、広く、報道されることによって、裁判所の存在が、次第に身近になってきた。とくに、裁判の傍聴の希望者が飛躍的に増加する、という現象がみられることになったわけである。傍聴の希望者が多い事件の場合、傍聴者を決める方法として、通常は、先着順か、割り箸のような棒を用意して当選者を引き当てるようにするか、によるけれども、希望者があまりにも多いときには、裁判所の職員がパソコンで当選者を決めることになる。また、場所は、前二者の場合は、裁判所の構内であるが、後者の場合は、もっと広いところということで、「地下鉄サリン事件」では東京都千代田区の日比谷公園において、「和歌山の毒入りカレー事件」では和歌山市の和歌山城公園において、ということになった。とくに、後者の場合、裁判所の職員がパソコンで当選者を決定し、職員が当選番号を読み上げると、歓声やどよめきは起きたけれども、あまりにも倍率が高かったために、「当たった」と跳び上がる人は、周りには見当たらなかった、といわれている。平成一一年（一九九九年）五月一四日版の東京新聞によって、「過去の主な裁判」の「傍聴希望者」を表にすると、つぎのようになる。

過去の主な裁判の傍聴希望者数

（事件名）	（被告人）	（公判）	（期日）	（地裁）	（希望者数）
オウム真理教	麻原彰晃	初公判	九六年四月二四日	東京	一万二、二九二名
同	同	第2回	九六年四月二五日	同	五、八五六名
毒入りカレー・保険金詐欺	林真須美 林健治	初公判	九九年五月一三日	和歌山	五、三三〇名
オウム真理教	中川智正	初公判	九五年一〇月二四日	東京	四、一五八名
ロッキード	田中角栄	判決	八三年一〇月一二日	同	三、九〇四名
オウム真理教	青山吉伸	初公判	九五年一〇月一八日	同	三、〇七六名
ロス疑惑	三浦和義	第2回	八六年二月一四日	同	二、五三〇名
強盗殺人	福田和子	初公判	九七年一〇月二七日	松山	一、九七九名

「和歌山の毒入りカレー事件」の場合には、一般用の傍聴席の競争倍率は、報道機関用と被害者用を除いた四五席で、一一六倍という極めて狭き門になっている。また、世間を騒がせた被告人の言い分を、直接、聴いてみたい、というのが傍聴希望の理由であった。このような、国民が注目する裁判でも、法廷内の被告人の姿は、新聞に写真が掲載されなければ、テレビの映像や肉声はない。そこで、「オウム真理教の事件」など、広く世間の関心を集めた裁判の場合には、もっと法廷を公開できないものであろうか、という疑問が生ずる。つぎのような意見がみられる。「日本では、オウム裁判がトップ・ニュースの毎日だが、米国でも同様に、ある裁判が注目を浴びた。シンプソン裁判だ。しかし、両者には大きな違いがある。後者は、公判の模様がＴＶ画面に映し出され、まるで実際に法廷にいるかのようだ。一方、前者は、相変わらず、公判開始前の映像とイラストだけであり、どうしても密室裁判の印象が残る。では傍聴してみようと、私は、東京地裁に赴いた。予想以上にオウム事件への社会的関心は高く、傍聴抽選の倍率は十倍。別の公判では『ハズレ率』が九八%もあった、という。

憲法三七条及び八二条は公開の裁判を要求する。これは、被告人の権利と共に国民の知る権利を制度的に保障したものだ。

だが、実際には、多くの人が、その『傍聴権』を保障されていない。また、非首都圏在住者は地下鉄サリン事件の裁判を見たくても、霞が関へ来るのもままならぬ。そこで、日本もＴＶ裁判傍聴制を立法化することを、私は、要求したい。証人のプライバシーの問題も今日の技術で解決できよう。」（朝日新聞・平成七年〔一九九五年〕一〇月七日版〔声欄〕）。

第七章　ガイドラインの作成と実験的な試み

第一節　被告人の権利とメディアの権利の優劣

国が裁判を行うにあたり、最も重要な権利の一つが、「公正な裁判を受ける被告人の権利」である。この権利に対して、刑事事件の訴訟手続を「テレビで報道するメディアの権利」が挑戦したのが、本書ということになる。右の二つの権利の比較考量の作業が必要、といえる。現在までのところ、裁判所は、「被告人の権利の優位」をずっと認めてきている。果して、今後、メディアの権利が、一部分でも、逆転して優位を占める可能性があるのであろうか。この点を検証してみたい。

昭和五七年（一九八二年）六月二一日の最高裁判所の事務総長との懇談の中で、同事務総長の発言から、最高裁判所が、諸外国の実情などを含め、相当、突っ込んだ検討を加えていることが明らかとなっている。このときの事務総長が、報道機関側の対応と検討如何によっては、「実務的な話し合いの場」を設けることにやぶさかではない、という意味の発言をしていたことは、期待が持てるわけである。また、一部緩和の措置をとる際に、最高裁判所の広報課が、「各裁判官の意見交換をして合意を得た内容なので」と述べているので、裁判所全体の問題として受け止めている趣旨が感じられるわけである。

しかし、最高裁判所が、平成二年（一九九〇年）に公表し、平成三年（一九九一年）から実施した「現行の新運用基準」では、被告人の在廷は認められていない。また、平成八年（一九九六年）の「法廷カメラ取材の標準的な運用基準」の改定の要求に対しては、最高裁判所は、もっぱら、「公正な裁判を受ける被告人の権利」のみを強調しているのである。

緩和措置に伴う法廷写真をみてみると、当初は、いずれも、同じ方向をむいていて、なんの変哲もない均一な写真になっている。無味乾燥な絵といえる。あまり「動きのない映像」は、テレビの映像とはいえない。裁判の内容を伝えている感じがみられない。報道写真の範疇には入らない。インパクトがない。音声がないから迫力にかける。撮影時間の「二分間以内」というのは短すぎる。現行の運用基準から「動き」がみられるようになったとはいえ、それでも、テレビの放送ではなく、写真撮影の段階にとどまっており、記念撮影にすぎない。裁判を行う建物と裁判を行うのに必要な関係者を知らせているだけで、人々が一番知りたがっている被告人が在廷していないために、裁判が行われていることが伝わってこない、という重大な欠陥がみられる。裁判所が、「被告人の権利の保護」のみに専念する態度をとり続け、「社会やメディアの変化」に目を塞ぐならば、規制を維持するために土俵ぎわで懸命にこらえている姿だけがクローズアップされ、報道機関との話し合いは、今後は、膠着状態のままとなってゆくであろう。

これまでのところ、わが国では、「公正な裁判を受ける被告人の権利」と「刑事事件の訴訟手続をテレビで報道するメディアの権利」とを比較考量することについての、根元的な、総論的ともいうべき議論がみられない。この問題については、アメリカのように、憲法上、法律上、理論上の、さまざまな角度からの検討が必要といえよう。一部分でも、メディアの権利に優位を認める余地はないものであろうか。裁判所には、規制を緩和すると、再び、混乱が起きるのではないか、との警戒心が、根強く、残っている。被告人や証人などに対する心理的な影響についての配慮や、映像によって世間のさらしものにしたくない、という人権感覚などが、「考えの主流」であるようにおもわれる。裁判は、公開制になっていて、裁判所には傍聴席が用意されている、という。さらに、記者が法廷に入って、プリント・メディアの方法による報道の自由が保障されているので、映像や音声による取材を認めなければならない必然的な理由のないことも、挙げられる。

「裁判の公正」と「報道の自由」を、どのように調和させればよいのであろうか。裁判所のガードの固さを解きほぐす方法はないのであろうか。今後は、裁判所に、「そのような条件なら許可いたしましょう」といわせるような、現実的で合理的な取材基準を提示できるときがくるであろうか。「司法の現実のドラマを見よう」ということを宣伝文句に、アメリカでは、平成三年（一九九一年）の七月に、一日二四時間、法廷を中継するケーブル専門局が設立され、軌道に乗っている、といわれる。担当者は、「いずれは、世界中から生中継する」として「裁判のCNN化」を目指しているが、これとの差は、なんであろうか。現在までのところ、表向きには、裁判所側に「メディアの権利」についての気配りはみられない。

これまでに既に紹介したように、アメリカをはじめとして、若干のところで「ガイドライン」が作られてきている。これとの関連で、わたくしの考えを述べておきたい。

第二節　ガイドラインの作成と実験的な試み

裁判所で傍聴出来ない人々が、テレビ中継によって何を一番知りたいと思っているのかというと、それは、悪名の高い事件を引き起した被告人の法廷における言動である。そこで、最小限の要求をするならば、つぎのようになろう。

(1)　社会的に広く人々の関心を集めた事件の「被告人のみ」を対象とする。

(2)　裁判のプロセスの中では、被告人の言動が最もよくわかる、証言台にいるときの、①

人定質問、②罪状認否、③被告人質問、④被告人の最終陳述、⑤判決の言渡しの「五つの場面」での被告人の「後ろ姿」と「しゃべり言葉」がわかるように映す。被告人席に坐っているだけのときの横顔や後ろ姿は映さない。

(3)　カメラは、法廷内の後方に置く。一人のカメラマンだけがカメラの操作をする。あるいは、「リモコンの無人カメラ」を使用してもよい。このほか、カメラを法廷内に持ち込まないで、映画館での映写機のようにブースに窓を作って、そこにカメラを置くようにしてもよい。また、カメラを法廷内の壁に埋め込むような工夫も考えられる。

(4)　原則として、生《なま》中継とする。しかし、ビデオによる録画の方法でもよい。

(5)　「人権の尊重」を最優先とし、被告人の供述やその他から、証人の住所や性犯罪事件の被害者の名前などが出される場合にそなえて、チェックしてこれらを外すために、厳密には、映像を10秒から20秒の間、遅らせるようにして、流す。

まずは、右のような最小限の要求をして、これ以上に中継の対象を拡大するかについては、その後の検討にまかせる。「被告人の後ろ姿のみを映す」ことと「カメラの位置を後方に定める」ことで、被告人はカメラを意識することがなくなり、心理的な影響は、ほとんどなくなるのではなかろうか。もっとも、右の最小限の要求を、ただちに「ガイドライン」化することは考えていない。しかし、それでも、「ガイドライン」は、メディアの権利を被告人の権利よりも優位にたたせるための必要な付帯条件となっている。したがって、テレビ中継に賛成する者は、適正な「ガイドライン」を作成しなければならない。そのための参考として、先に、アメリカやカナダ、それに、イギリスなどにおける識者の「ガイドライン」を紹介したわけである。

現在までのところ、テレビ報道の許否の問題についての根元的な議論は、わが国には、まったく存在しない。そのため、それとの関連での「ガイドライン」についての議論も、当然に、ないわけである。裁判所が、被告人の権利の保護をかたくなに守ろうとしているのか、それとも、内容や状況如何によっては、「ガイドライン」を受け入れる余地を有しているのかについては、まったく、わからない。また、もしも、後者であるとしても、どのような「ガイドライン」を妥当と考えて裁判所が受け入れるのか、言い換えるならば、裁判所を納得させることができるような「ガイドライン」を作成できるのかが、大変な難問といえる。妥当な「ガイドライン」であることを、どのようにして立証できるのであろうか。そのためには、これまで、アメリカにおいて述べられ、また、実施されてきた「実験的な試み」が必要になってくる。具体的には、刑事訴訟規則第二一五条によりながら、いずれかの裁判所において、裁判所の許可を得ることを条件に実験的に試みるしかない。しかし、実際の裁判を利用することは、絶対に許されないとなれば、立証は極めて困難、と言わざるを得ない。あとは、心理学者などを加えながら、「模擬裁判の形式」を用いて、綿密に調査するしかない。

このとき得られたデータを、果して、裁判所は納得するであろうか。

アメリカの判例の索引
（掲載順）

法規・判例等の索引
（掲載順）

〔日　本〕

旧刑事訴訟法第296条 ……275
家事審判規則第6条 ……276
報道機関と裁判所の昭和23年（1948年）
　5項目の暫定協定 ……277
刑事訴訟規則第215条 ……278
民事訴訟規則第11条 ……278
刑事訴訟規則第47条1項 ……278
刑事訴訟規則第40条 ……278
最(大)決昭和33年(1958年) 2月17日刑集2巻2号253頁 279
最決昭和44年(1969年)11月26日刑集23巻11号1490頁 ……280
最高裁判所の昭和27年(1952年)
　全国刑事裁判官合同の申合せ ……280
日本新聞協会の昭和24年(1949年)見解 ……280
報道機関の昭和32年(1957年) 5項目のガイドライン ……282
報道機関の昭和35年(1960年)法廷取材に関する要望書 …282
最高裁判所の昭和62年(1987年)
　法廷内カメラ取材の標準的な運用基準 ……285
最高裁判所平成2年(1990年)新運用基準 ……286
釧路地方裁判所平成3年(1991年)見解 ……286
最高裁判所平成8年(1996年)回答 ……287

〔アメリカ〕

〔その他の国〕

〈著者紹介〉
宮　野　　彬（みやの　あきら）
1933年　東京に生まれる
1957年　中央大学法学部卒業
1963年　東京大学大学院博士課程修了
　　　　鹿児島大学法文学部講師・助教授を経て
現　在　明治学院大学法学部教授
主　著『安楽死』日経新書（日本経済新聞社，1976年）
　　　『安楽死から尊厳死へ』（弘文堂，1884年）
　　　『犯罪の現代史』（三嶺書房，1986年）
　　　『日本の刑事裁判』（三嶺書房，1987年）
　　　『おもしろ公務員刑法雑学読本』（公人の友社，1988年）
　　　『刑法の社会学』（三嶺書房，1989年）
　　　『刑事和解と刑事仲裁』（信山社，1990年）
　　　『裁判のテレビ中継を』（近代文藝社，1993年）
　　　『揺れる絞首刑台』（近代文藝社，1994年）
　　　『オランダの安楽死政策』（成文堂，1997年）
　　　『刑事法廷でのビデオテープ』（成文堂，1999年）
　　　『刑事法廷のカメラ取材』（信山社，2001年）

刑事裁判のテレビ報道
――ガイドラインと実験的試み――

2001年（平成13年）11月30日　第1版第1刷発行

著　者　宮　野　　彬
発行者　今　井　　貴
発行所　信山社出版株式会社
〒113-0033 東京都文京区本郷6-2-9-102
電　話 03（3818）1019
FAX 03（3818）0344
製　作　株式会社　信　山　社

Printed in Japan

 印刷・製本／共立プリント・大三製本
ISBN4-7972-3306-0 C3332
3306-0101-012-030 NDC分類326.011